JN248797

IPS就労支援プログラム導入ガイド

～精神障がい者の「働きたい」を支援するために～

著
サラ・スワンソン，デボラ・ベッカー

翻訳・編集
清和会 IPS プログラムチーム
林　輝男（翻訳・編集代表）
新家望美，川本悠大，
西川真理子，田原美和子，牛尾慎司（翻訳協力）

星 和 書 店

Seiwa Shoten Publishers

2-5 Kamitakaido 1-Chome
Suginamiku Tokyo 168-0074, Japan

IPS Supported Employment Program Implementation Guide

Revised 2015

by

Sarah J. Swanson, MS, LSW, CRC

Deborah R. Becker, M.Ed., CRC

Translated from English

by

Teruo Hayashi, M.D., Ph.D.

Nozomi Shinka, P.S.W.

Yudai Kawamoto, O.T.R.

Mariko Nishikawa, M.D.

Miwako Tabara, R.N.

Shinji Ushio, P.S.W.

はじめに

IPS（Individual Placement and Support）は数多くの研究結果が示しているように，科学的根拠に基づいて実践される就労支援です。IPSは一般的には精神保健機関に導入されますが，障がいを持つ人々を支援するその他のさまざまな団体でも導入されます。IPSは障がいの有無に関わらず，「ほとんどの大人が望むもの」を実現するために提供されます。その「ほとんどの大人が望むもの」とはすなわち就労です。

IPSを実践することで，精神保健関係者はクライアントのストレングス（長所）や個人的な選択により注目するようになります。今まで以上に多くの人が就労を実現することで，IPSを提供している団体の組織内風土が変わってきます。そしてその団体が提供するサービスが，クライアントにとって何が重要かという点により注目したものに変わってくるのです。

心理学博士のPatricia Deeganは次のように述べています。

“人々が望むものは「例えば車を持つ」こと，「仕事に就く」こと，そして「金曜日の夜にデートする」ことなのです”

すなわちこのようなごく当たり前の人々が望むこと，人々が選択することに十分焦点を当てたサービスがIPSを導入した組織で提供されるようになるのです。

このIPS導入ガイドは，次の4つのカテゴリーに分けられる支援スタッフにとって役に立つと思われます。

まず今後IPSを導入したいと考える団体のリーダーたち。それからIPS導入には具体的に何が必要なのか知りたいと考えている団体のリーダーたち。そしてIPSサービスの質をさらに向上したいと考えているIPSプログラムを提供しているスーパーバイザー。最後によりよいプログラムの導入のために必要と思われるコツや情報を共有したいと考えているIPSトレーナーやIPSのフィデリティ評価者たちです。

プログラムリーダーの中には，このガイドで推奨されているすべての項目を速やかに導入し実践することは難しいと考える人もいるでしょう。その場合，リーダーはまず導入，あるいは変革が可能な職場領域はどこかということを同定する必要があるでしょう。そして直ちに導入できない分野・領域においては長期的な改善を計画していく必要があるでしょう。

多くのプログラムではおそらく導入して1年後には非常に高いフィデリティ（適合度）を実現することができると思いますが，プログラムによっては十分にフィデリティを満たす状況に至るまで長い時間を要することもあるでしょう。どちらのケースにおいても，まずはIPSの基本，あるいはIPSの基本的な考え方を可能な限り取り入れることが大切で，それにより，より多くの人が就労というゴールを実現できる援助ができるでしょう。

米国ではすべての州に障がいを持つ人々の就労を支援する公的機関が存在します。その公的機関の名前がVocational Rehabilitation，いわゆる就労リハビリテーション局というもので，そこにはカウンセラーが常駐しています。それをVocational Rehabilitation counselor（就労リハビリテーション局カウンセラー）と呼びます。多くの州では就労リハビリテーション局カウンセラーとIPS実践者は協働しながら就労支援をしていきます。米国以外の精神保健機関のリーダーはIPSを導入するにあたり，自国に米国の就労リハビリテーション局に匹敵するような，あるいはそれに似た，政府または民間機関があるかどうかをまず調査してください。そしてそのような機関が存在するのであれば，IPS導入にあたってそのスタッフを招聘し，協力者の1人として支援に組み込むことを計画する必要があるでしょう。

もしこのIPS導入ガイド内では答えられていない質問があれば，以下のwebサイトをご参照ください。Webサイトのアドレスはwww.dartmouthips.orgです。そこでAbout IPSを選択し，続いてAsk A

Question を選択してください。多くのキーワードが並んでいますので，そこから自分の疑問点に関する項目を見つけて検索してみてください。

Sara J. Swanson

Deborah R. Becker

訳者まえがき
～本書を読む前に～

近年，精神障がい者の就労を取り巻く環境は，未だかつてない大きな変化を遂げています。治療薬の進歩に伴い副作用が軽減しただけでなく，治療予後も向上し，一般市民の疾病への理解も徐々にですが深まっています。また，法制度の整備も進み，障がい者の地域との共生，地域移行を促進するため，平成25年に障害者総合支援法，障害者差別解消法が施行され，平成28年4月から改正障害者雇用促進法が施行されました。本法律では，雇用分野に関する障がい者差別の解消や，就労現場での合理的な配慮が義務化されました。平成30年度からは，精神障がい者も法定雇用率の算定基礎の対象に加えられることが決定しています。このように，治療，環境，法制度に見られる変化は相乗効果を生み，精神障がい者が地域に出て就労する流れや気運は今まで以上に高まっていると言えます。

我が国における精神障がい者の就労支援は，デイ・ケア，作業所，就労継続または就労移行支援など，すでに多岐に渡っています。しかし，その多くは通所型支援であり，精神障がい者のため確保された空間を地域に用意するという支援形態が主流です。この形態はもともと精神疾患のストレス脆弱性理論に基づきデザインされています。すなわち，精神障がい者はストレス脆弱性を有するので，十分な訓練を経てストレス耐性を高めた後に就労につなげていくのが好ましいという，いわゆるtrain-and-place model（train＝トレーニング，place＝就労）を基本とした支援です。承知の通り，通所型支援によって，すでに多くの精神障がい者が地域で生活や活動の場を獲得し，相当の成果を上げているのは事実です。しかし，一方でこれらの支援はいくつかの課題も抱えています。例えば，少なくとも以下の点は指摘されるべきでしょう。

1）　本人の本来の希望に関わらず，均一な内容の就労訓練を一定期間強いられる。
2）　結果的に，障がい者の施設内での囲い込み，地域との共生ではなく，地域からの分離が起きうる。
3）　保護的支援環境が続くことで，当事者，支援者，あるいは家族の一般就労への意欲が低下し，一般就労への不安が高まることがある。
4）　通所型の就労支援が一般雇用の実現をどの程度向上させるかという科学的検証が不十分なため，客観的な根拠に基づいた品質改善を行い難い。
5）　精神障がい者が一般雇用を望んだ時，必要な時に必要な支援を提供できる体制を十分有しておらず，次のステップへ移行し難い。

精神障がい者が保護的環境から飛び出して一般就労を目指すとき，私たちがにわかに想像できない，様々な障壁が生じます。一つひとつはほんの小さな出来事であっても，彼らはつまずきそれによって時には求職を諦め，時には突然欠勤したりします。そして雇用者もその予期できない反応に翻弄されるのです。IPS（Individual Placement and Support：個別就労支援とサポート）は，このような就労に関する様々な障壁に迅速に対応すべく考案された，アウトリーチを基本とした個別就労支援です。IPS は米国にて Becker，Drake らによって 1980 年代末に開始されましたが，以下のような導入のいきさつを両氏から直接聞きました。

当時，ニューハンプシャー州から「他の州では行われていない社会復帰支援を考案してほしい」との依頼が，ダートマス精神医学研究所で社会精神医学を研究していた Drake 医師の元に舞い込みました。Drake 医師は当時デイ・ケアセンター長を務めていた Becker 氏に相談を持ちかけ，1989 年から今の IPS の原型になる就労支援を開始しました。その支援によって，これまで数年にわたってデイ・ケアに通所していた精神障がい者の実に半数以上が2年以内に一般就労を実現したのです。IPSはその後，科学的検証によって支援条件を継続的に評価，改良し，現在8つの基本原則を持つ個別就労支援として確立しています。

IPSの最大の特徴は，支援の諸条件を科学的に検証するという，精神科リハビリテーションでは数少ない科学的根拠に基づいた実践であること，そして従来の就労支援（train-and-place model）と異なり，まず就労し，そしてそこで学び訓練をするという立場を取っていることです（place-and-train model）。現在，米国では1万人以上がこの支援を受けており，それはヨーロッパ，カナダ，オーストラリアなどに広く普及しています。米国内外で行われた21のランダム化比較試験を集計すると従来の就労支援による一般就労率（23%）に比べ，IPSでは約2倍の一般就労率（56%）を実現することが示されています。近年日本にも先駆者によりIPSが紹介されましたが[注]，IPSに適応できる制度的，経済的基盤が充実していないこと，就労継続支援や障がい者雇用が先行した影響もあり，これまで我が国におけるIPSの普及は伸び悩む傾向にありました。しかし，現場で精神障がい者の社会復帰，就労を向上させるために日夜頭を悩ませ孤軍奮闘している支援者にとって，IPSの打ち出した支援方法と理念は相当に納得できる，また実効性を期待できるものと映っていることは間違いないようです。その証拠に，現在の支援体制の乏しい環境下でも，独自でIPSの実践に取り組む事業所，団体が少しずつですが増えているのです。昨今の法改正などを契機に，精神障がい者の就労環境の変化がさらに進めば，今後IPSの重要性が我が国でも再認識され，その導入に向けた議論は高まると期待されます。

注　Becker, D.R., Swanson, S.J.：精神障害を持つ人たちのワーキングガイド．大島巌，松為信雄，伊藤純一郎監訳，堀宏隆訳．金剛出版，東京，2004.

伊藤順一郎，香田真希子：IPS入門：リカバリーを応援する個別就労支援プログラム1．IPSブックレットシリーズ，地域精神保健福祉機構，千葉，2010.

中原さとみ，飯野雄治，リカバリーキャラバン隊：働くこととリカバリー：IPSハンドブック．クリエイツかもがわ，京都，2010.

本書は，BeckerとSwansonによって作成された『IPS Supported Employment Program Implementation Guide（Revised 2015）』を翻訳したものです。科学的に有効性が証明されている支援や治療であっても，それが別の組織で導入された場合，組織内の理解や実践体制にばらつきがあれば，期待通りの効果を得られないことは実臨床ではよく経験することです。このような効果のばらつきを最小限にとどめるために，IPSの導入にあたり，著者らはimplementation science（実装科学）の考え方とフィデリティ尺度（適合度評価尺度）を重要視し，本書もそれに基づいて作成されています。本書前半部では導入前準備，企業体でのコンセンサスの形成の方法など，IPSの良好かつ継続的な導入のために必要な実装科学的アプローチを解説しています。

続いて後半部は，著者らの作成した「スタッフ」「組織」「サービス」の下部領域からなるフィデリティ尺度を軸に，各領域に含まれる評価基準の意味すること（「定義」），その基準が重要とされる根拠（「理論的根拠」），実践に役立つヒント（「導入のヒント」）について解説しています。さらに，「導入を妨げる共通要因」という項目を設け，実践でしばしば経験する課題とその対策について事例をふんだんに盛り込み，評価基準の理解を助けつつ，その背景に流れるIPSの理念を手に取るようにわかりやすく伝えています。さらに，IPSの計画，導入，評価に活用できる文書のサンプルが多く提供されており，わずかな改訂で日本での実践応用が可能となるものばかりです。その点で，本書はIPSをすでに導入している方だけでなく，IPSについて学びたい方，IPSを導入したいと考えている方，誰にでも活用いただけると確信しています。

本書の翻訳にあたり，われわれはできるだけ原本に忠実であることにこだわりました。この導入ガイドは，当然米国の保険・保障制度，就労支援制度に基づいて書かれているため，読者にとっては日本の現状に合わない難解な記述が散見されるはずです。そのため，序章では米国と日本の体制の違いについて解説し，さらに本文の中で脚注も設けましたが，それらは理解を助けるには必ずしも十分でないかもしれません。ただ，それでも原本に忠実な翻訳を心がけたのは，まず加工を加えず原本に触れることにより，日本の読者にIPSを正しく理解していただき，何よりもその理念を感じ取っていただきたいと願ったからです。IPS導入に際してはとかく方法論が語られますが，万国共通の理念を押さえることが何よりもその成功に不可欠であると信じるからです。

本書が精神障がい者の就労支援に新しい視点を与え，精神科リハビリテーションそしてリカバリーについて，わずかながらでも再考と理解を喚起するものとなれば望外の喜びです。

林　輝男

目　次

序章
米国のIPS支援システムの概要と日本との比較

米国における精神保健の変遷

米国各州においてさまざまな精神保健施策が実施されていますが，訳者らはその中でも，地域移行支援において先進的な取り組みを行っているベルモント州の施策を視察しました。その精神保健施策の変遷を表1に紹介します。ベルモント州においても当時の日本と同様に医学モデルに基づいた管理主体の施策が1970年代まで行われていましたが，1980年代には保護的環境下ながらも，過渡的雇用，就労移行が取り入れられ，精神障がい者が地域へ活動の場を広げていきました。1990年代には障がい者雇用が推奨され，障がい者の就労はさらに加速しました。2000年代に入りIPSが普及し始め，精神障がい者も一般雇用を目指すようになり，活動の場はより地域全体に広がりをみせました。

IPS導入当初は，その目的はあくまでも一般雇用とされていましたが，近年，IPSの目的は，一般雇用支援を通じて障がい者のリカバリー，例えば豊かな生活と人としての成長を促すこととととらえられるようになっています。また，米国ではピアサポートが精神障がい者の支援に

表 1　ベルモント州精神保健の変遷

	1950	1960 & 1970	1980	1990	2000	2010＋
治療・支援内容	精神科病院への収容	雇用なし，保護的労働（院内作業）	過渡的雇用（短期，一過性），作業訓練，就労移行	就労支援，障害者雇用	IPS，一般雇用の実現	IPS，リカバリーのための一般就労
支援環境	隔離	分離	保護的	一部地域	地域主体	地域，職場
治療・支援を受ける人の立場	患者	患者	利用者	利用者	クライアント	個人，求職者
サービス設計に用いられたモデル	医学	医学，管理，保護	コミュニティー	支援	リカバリー	パーソン・センタード・ケア，リカバリー，協働ケア
治療・支援の特徴	隔離，隔絶	危険回避，保護	危険回避と保護，人権擁護運動の勃興	人権擁護，インフォームド・チョイス	意思決定の共有（SDM）	ピアサポート，ナチュラルサポート

1950 年代以降の精神保健の変遷を「治療・支援内容」「支援環境」「治療・支援を受ける人の立場」「サービス設計に用いられたモデル」「治療・支援の特徴」の 5 分野についてまとめている。1980 年代までは，入院による患者の隔離，分離が主体であったが，1980 年代以降は積極的に地域移行が進められ，2000 年からは広い範囲で IPS の実践が行われるようになった。現在では IPS のゴールは単なる就労実現ではなく，就労を介してリカバリーを促進する点に重点が置かれている。また，ピアによるサポートだけでなく，一般雇用を通じて職場の上司，同僚など一般の人々と交わることから自然なサポートを得ること（ナチュラルサポート）で精神障がい者の社会復帰やリカバリーを促進するという考えが注目されている。

おいて積極的に取り入られているところですが，近年は，一般就労による同僚や上司との自然な交わりが，リカバリーをさらに促進するというナチチュラルサポートの概念が生まれており，ナチュラルサポートの機会を実現することも IPS 支援の意義の一つとして考えられるようになっています。拙速な評価は避けるべきですが，日本における現在の精神障がい者の雇用とリカバリー支援は，ベルモント州の 1990 年代の施策と一部類似していると言えるかもしれません。

IPSの基本ルール

IPSは科学的検証により品質改良を繰り返し，現在以下の8つの基本的ルールをその活動の基本方針として運用されています。以下にその内容を簡潔に紹介します。

1. 精神疾患の重症度を対象基準としない

▲「働きたい」と希望すれば精神疾患の種類やその重症度に関わらず，誰にでも支援を提供する。

▲触法者やアルコール・薬物依存者も対象とする。

2. 就労を希望したら，訓練を経ず迅速に就労支援を開始する

▲なるべく早く一般就労できるよう計画立案をする。

▲なるべく早く，本人の，職歴，技能，症状，ストレングス[注]，希望などを含んだキャリアプロファイルを作成し，必要時に更新する。

▲求職情報の収集，職場訪問などの，就労に関するアクションを素早く起こす。

3. 本人が望む仕事（一般就労）に就くことを目指す

▲職種や勤務時間等にとらわれない。

▲本人のストレングス，興味，技術や価値観を重視する。

▲仕事に本人を合わせるのではなく，本人に合った仕事を探してくる。

4. 就労スペシャリストは職探しから就労後の支援を期限を定めずに行う

▲支援の期限は本人が決定する。

注　日本語に直訳すると「強み・長所」など。疾患や障害に焦点をあてるのではなく，その人の強みを生かすことで疾患理解や社会復帰が促進できるとする考え方が，チャールズ・ラップやリチャード・ゴスチャによって提唱された。ストレングスは，個人の属性（性質・性格），才能・技能，関心・願望，環境の4つの領域で見いだすことができる。

▲目標は『自立』であるので，支援量を徐々に減らしていける介入を心がける。

5. 就労スペシャリストは雇用主の開拓，雇用後の雇用主へのアドバイスを行う

▲目標として，最低週 6 人の雇用主に会って情報収集する。

▲雇用主と信頼関係を構築することを重要視する。例えば，離職者が出ても，次の求職者を紹介できる信頼関係を作ることを目標とする。

6. IPS による就労支援は医療チームと行う

▲就労は医療チームを含めた多職種で協力して支援する。

▲医師が一員にいる就労支援チームでは，より高い一般就労実現率を獲得できるという研究結果がある。

▲就労前後に症状が揺らいだ時や副作用が認められる時に，早期に医師の介入が行われれば，より高い確率で就労が継続できる。

7. 就労が保障制度，収支に与える影響を事前に説明する

▲就労によってこれまで受給していた保障に影響があるか事前に確認する。

▲総収入の計算や確定申告の援助。

▲就労前，及び就労条件が変わるたび，収支内容を文書で作成し，利用者に渡す。

8. あくまでも一般雇用をめざす

▲一般雇用の定義：パート，フルタイムは問わない。誰でも申し込みができ，最低賃金が確保され，一般の労働者と同じ職場で同じ仕事内容であること。

米国におけるIPSの実践

米国の障がい者向け雇用援助は，もともと復員軍人に対して20世紀初頭から開始され，1935年の社会保障法をかわきりに，障がいを有する一般市民にサービスが拡充され現在に至っています。先に触れたように1970年代末までは，保護的就労が主流で，障がい者が集まり低賃金で就労する，シェルタード・ワークショップが就労の場の中心でした。しかし，これらのプログラムは一般雇用への移行率が低く，コスト増大の懸念も指摘され，発展しませんでした。その後，連邦政府にリハビリテーション・サービス局（Rehabilitation Service Administration：RSA）が設けられ，州の責任のもと職業リハビリテーション（Vocational Rehabilitation：VR）局を中心に障がい者の就労移行支援が開始されることになりました。それ以来，米国では障がい者就労政策の基本軸は，インクルージョン（「包含」と訳されますが，「共生」の色彩を含む），自立，エンパワーメントの実現となっています。

近年，雇用促進のために企業との連携を図る施策（Project With Industry：PWI），障がい者雇用に対する賃金の一時補填や税制上の優遇策など（アクセス控除など）が導入されていますが，長期間の障害給付金（Social Security Disability Insurance：SSDI，Supplementary Security Insurance：SSI）の受給者数は年々増加し，これら優遇制度を受ける人の就労への復帰率は低いため，雇用に向けた準備を促進させながら基本的には競争的な一般雇用を目標とした援助へ財政的支援も重点を移してきています。その一環として，IPSのような援助付き雇用の重要性も高まっています。

IPSは1990年代より米国の各地で導入され始め，現在では全米各地で1万人以上がそのサービスを利用しています（図1）。州や地域によってさまざまな支援形態があると思われますが，ベルモント州モデルで

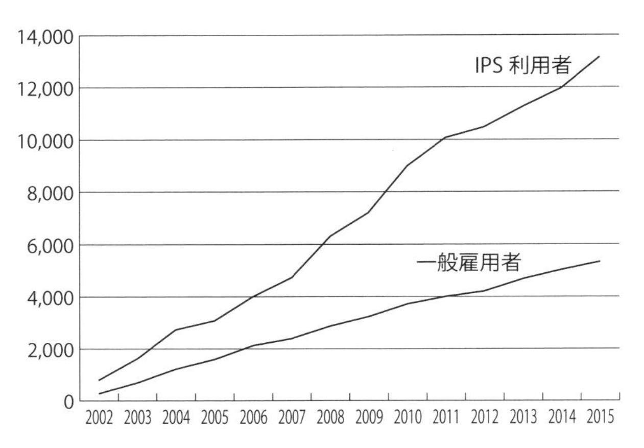

図 1　米国における IPS 利用者と一般雇用者数の推移

IPS Learning Community（IPS 実践者の学習会）が，3ヵ月毎に IPS 利用者，及び利用により一般雇用を実現した利用者を集計しており，年間値は四半期集計（すなわち 3ヵ月毎に年 4 回）の平均値で求めている。

は，11 の精神保健センターが主として IPS サービスを提供しています。精神保健センターは地域精神保健サービスに必要な機能をほぼすべて備え，いわゆる多機能精神保健センターとしての役割を果たしています。例えば，ベルモント州の精神保健センターの一つであるハワードセンターでは，外来診療，デイ・ケア，グループホーム，緊急時対応，地域生活支援，就労支援など，包括的な治療，支援を提供しています。運用面では，完全な多職種チーム制を取っているのが特徴です（図 2)。例えば，緊急時対応は医師，看護師，ピアサポーターなどからなるクライシスチームによって運用されており，急性増悪したクライアントを訪問し，入院の適応を評価し，決定します。必要性があると判断すれば，精神科病院と連絡を取り合います。緊急時対応においては，ピアサポーターが入院治療の必要性を説明することがしばしばあります。不安定ながらも入院を回避できそうな場合には地域に備えられた集中地域回復プログラム（ソテリアハウス，レスパイトケア，ピア運営コミュニティーセンターなど）を利用することもあります。

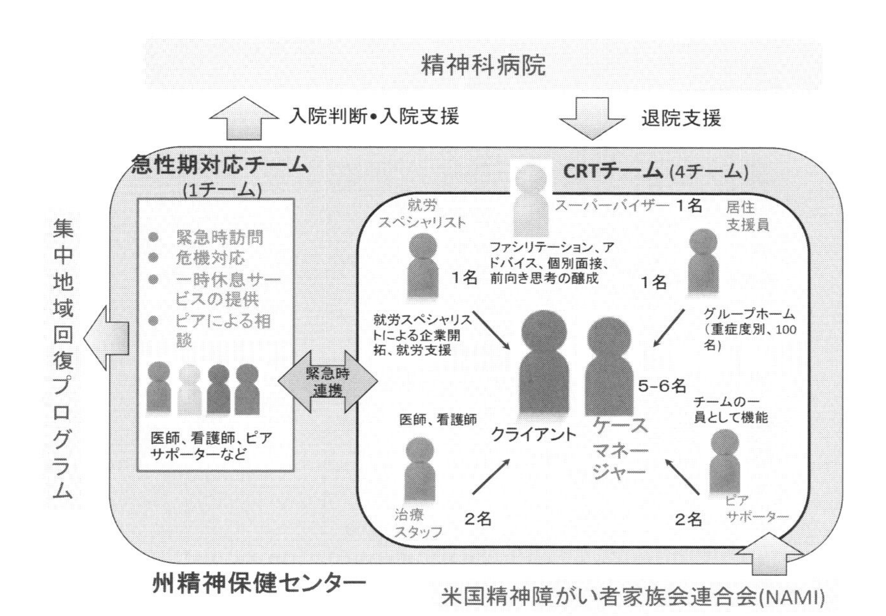

図2　ベルモント州精神保健センターの機能

ベルモント州には11の精神保健センターが存在するが，その1つであるハワードセンターの機能を図式化した。完全チーム制で運用されており，急性期対応チームとCRTチームがある。急性期対応チームは，地域の急性増悪した利用者を往診し，入院，あるいは集中地域回復プログラムの利用の可否を判断する。CRTチームの主力部隊はケースマネージャーで，クライアント毎に担当制がとられ，生活全般の支援を行う。CRTチームは，その他に就労スペシャリスト，居住支援員（グループホーム管理人），医師，看護師，ピアサポーターを含む多職種から構成され，それぞれの専門性を生かしケースマネージャーをサポートする。チームのスーパーバイザーは，チームミーティングのファシリテーション，スタッフへのアドバイスや個別面接を定期的に行い，チーム内に前向き思考を醸成するよう働きかける。

一方，地域支援全般はCRT（Community Rehabilitation Treatment）チームによって行われています。このサービスを提供するためには，必要要件を満たした上で，事前に州からCRP（Community Rehabilitation Program）認可を受ける必要があります。この点は，「適切な導入時期を決定する」の項でも触れられています。CRTチームは，チームリーダー，5～6名のケースマネージャー，医師・看護師各1名，1～2名の居住支援員（グループホームのマネージメント），1～2名のピアサポーター，1名程度の就労スペシャリストで構成されます。ハワードセンターの場合，計4つのCRTチームが組織されています（図2)。チーム内の実動部隊は，ケースマネージャーと呼ばれる職種で，各クライアントに担当ケースマネージャーを配置し，服薬指導，部屋の掃除，買い物同行，調理指導などあらゆる生活上の支援を行います。担当制ですので，クライアントから見れば相談窓口が一つに統一されており，ケースマネージャーに相談された内容は，CRTチームミーティング（週1回）で共有されます。ケースマネージャーは1人あたり平均27名を担当するため，1チームで支援するクライアントは120～150ケースにのぼります。医師，看護師，居住支援員，就労スペシャリストはそれぞれの専門性を生かしケースマネージャーを支援します。ピアサポーターは主要なスタッフの1人ですが，米国精神障害者家族会連合会（NAMI）が各州に支部を有しており，そこでピアサポーターとしての教育や訓練を受けることができます。就労スペシャリストはセンター内の就労ユニット（施設によってはセンター外にあることもある）に属し，活動はCRTチームの一員として行いますが，週に1度はユニットミーティングに参加し，他の就労スペシャリストと意見交換をしたり，IPSスーパーバイザーの指導を受けます。就労ユニットやIPSスーパーバイザーの役割については，「組織：就労ユニットについて」「IPS就労支援スーパーバイザーの役割」の項で詳細に解説されています。

就労スペシャリストは，IPSの8つの基本ルールに示したように，クライアント訪問，職場訪問，雇用主開拓などを行い，ほとんどの時間を地域で費やします。就労支援において，彼らが最も密に連携を取るのが，就労リハビリテーション局です（図3)。就労リハビリテーション局は，州が運用する公的機関であり，精神障がいを含む全ての障がいの就労に関わる広範な施策，例えば予算計上，行政指導，個別相談指導を行っています。この公的機関の業務内容として以下のものが挙げられます。

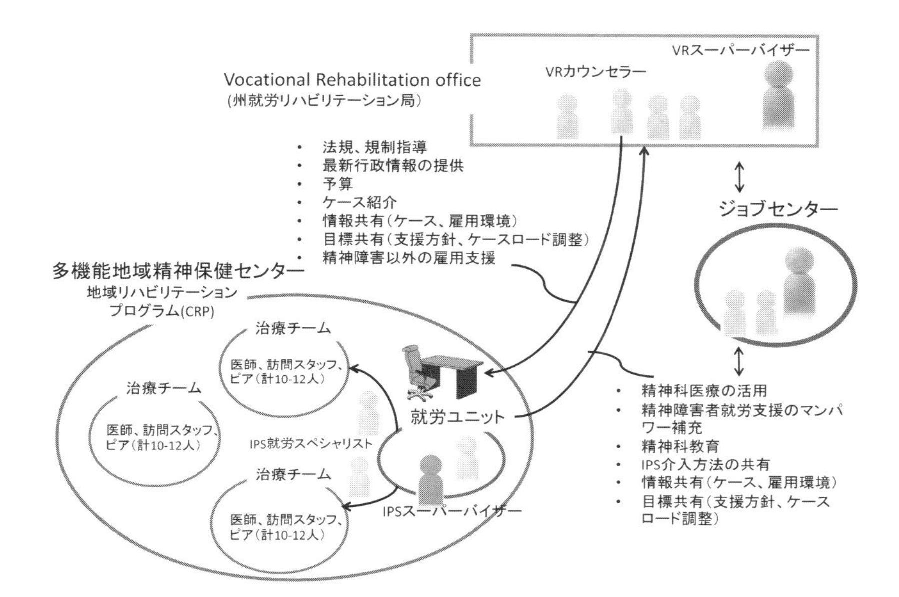

図 3　米国の IPS の運用例

図 2 に示したように地域の精神保健センターでは，就労ユニットに属する就労スペシャリストは，各治療チーム（CRT チーム）に配置されている。彼らは週に 1 回行われる就労ユニットミーティングで集まり IPS スーパーバイザーから指導を受けたり，ケースカンファレンスによる情報交換を行う。就労スペシャリストは勤務時間の 60 ～ 70% は地域で費やし，雇用主開拓や訪問に加え，障害者就労リハビリテーション局のスタッフ（カウンセラー）と協働する。カウンセラーからは新しい法規や行政情報の提供，ケース紹介が行われる。一方，就労スペシャリストは精神医療や福祉に関するアドバイスを行う。IPS と障害者就労リハビリテーション局との連携を強化するために，カウンセラーのための机を精神保健センター内に設けることがある。カウンセラーは月に 1 日程度精神保健センターで過ごし，あらゆる CRT スタッフと情報交換を行う。障害者就労リハビリテーション局は日本の障害者就業・生活支援センター，障害者職業センターに類似した役割を担うが，IPS の予算支給も行う。ジョブセンターは日本でいうハローワークに類似した役割を担う。

1. 就労技能評価と計画策定
2. 訓練や教育のための援助（訓練中の生活費，介助費を含む）
3. 職業紹介
4. ジョブコーチ
5. 就労に必要な障がい者向け機材や装具の提供

6. 他のサービス事業所への紹介

業務内容は日本の障害者就業・生活支援センターや障害者職業センター，そして公共職業安定所（ハローワーク）の一部の業務と類似しています。IPSの運用予算も一部就労リハビリテーション局から各CRP事業所に支給されます。州によってさまざまですが，IPSの運用予算は一部医療保険から支払われることもあります。就労リハビリテーション局でもスーパーバイザーの指導のもと，就労リハビリテーション局カウンセラー（以下カウンセラー）がチームを形成して業務にあたっていますが，その中から大抵1名程度IPS担当のカウンセラーが選任され，就労スペシャリストと各ケースについて情報交換をしたり，協働して就労支援を行います。必要に応じてIPSユニットのスーパーバイザーと就労リハビリテーション局のスーパーバイザーが意見交換を行うこともあります。

カウンセラーも個別就労支援や職場開拓をすることが期待されていますが，すべての障がいをカバーし，担当ケース数や行政関連業務は膨大であり，精神障がい者に特化したIPSの就労スペシャリストがその点を補完しています。また，就労スペシャリストは精神障がいに対する知識や対応の仕方について経験が豊富であり，就労リハビリテーション局のスタッフへ精神保健・医療に関するアドバイスをします。

就労リハビリテーション局の業務は，適正評価や就労前訓練に重点を置く傾向があり，IPSの運用の仕方，理念（例えば，就労を希望すれば即支援を開始するなど）を広くカウンセラーの間に浸透させる必要があります。IPSと就労リハビリテーション局の連携を図るために，精神保健センター内にカウンセラーのためのデスクを設けるようにしています。月に半日から1日程度しか使われないこともありますが，そこで直接精神保健センターのあらゆるスタッフと対面式で交わり意見交換をすることが，地域支援を活性化し，円滑な支援を育むとされています。就労スペシャリストとカウンセラーの相補的な協働体制を図3にまとめました。

ジョブセンターは日本でいうハローワークと類似した機能を有し，求人情報をコンピューターで検索したり，相談員に求職相談や，失業補償の相談をしたりできます。雇用者は求人情報をジョブセンターに登録するように奨励はされていますが，日本と違いそれは必ずしも遵守されていないようで，雇用者は独自で求人情報を流したり，個別に求人者と接触することが多いようです。そのためIPSによる独自の職場開拓や雇用主の斡旋の必要性は日本と比べて高いと思われます。この違いは日本でのIPS活動，特に就労スペシャリストの地域活動や支援プランの作成に影響すると思われます。

障がい者雇用促進イニシアティブ（DEI：Disability Employment Initiative）は米国労働省主導で行われている障がい者雇用促進の取り組みですが，その一環として，例えばコネチカット州では「資源統合チームアプローチ」（IRT：The Integrated Resource Team Approach）を採用しています。失職期間が長いほど国の損失が大きいとの調査結果から，失職後できるだけ早い時期の雇用を実現することを目指し，ケース毎に個別チームを作りカスタマイズ対応を行う取り組みを実施しています（図4）。ケース毎にIPS就労スペシャリスト，ジョブセンター障がい者支援員，就労リハビリテーション局カウンセラー，学校関係者，警察関係者，医師，州精神保健課スタッフなどが，支援チームを作り，迅速な再就職を図ります。ここでは異なる機関に所属するスタッフの連携をジョブセンターの障がい者支援員が中心となり促進し，効率性重視で主に面会，電話という，簡便かつ迅速な連絡方法を用いて連携を運用しています。開始当初は連携が順調には進まなかったようですが，州に交渉し，障がい者の就労実績を関わったチームメンバー皆で共有できる評価方法をとることで連携を飛躍的に促進させるなど，さまざまな連携促進策を行っています。

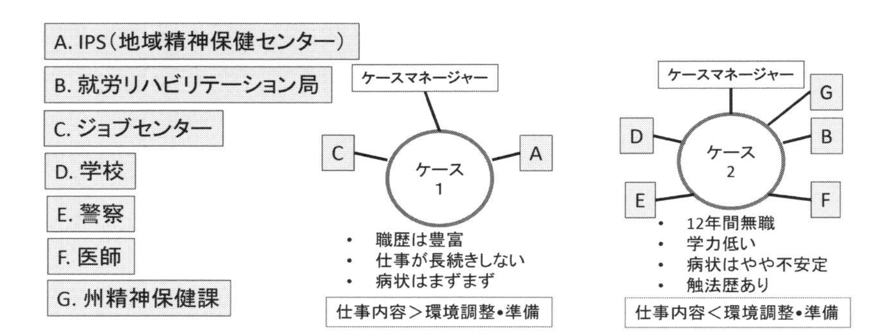

図 4　資源統合チームアプローチ（IRT：The Integrated Resource Team Approach）

障がい者雇用促進イニシアティブ（DEI）は米国労働省主導で行われている障がい者雇用促進の取り組みであるが，その一環としてコネチカット州ではIRTを採用している。IRTでは地域の専門家を集め，ケース毎にチームを編成し，カスタマイズ支援を行う。例えばケース1は，職歴は豊富であり，精神症状も落ち着いているが，仕事が長続きしない場合のチーム編成例である。この場合，環境調整より，仕事内容が重要となるので，マッチングを重視した職業選択と開拓がより必要となり，IPS就労スペシャリスト，ジョブセンタースタッフとクライアントのケースマネージャーでチームを編成し支援を行う。ケース2は，長期無職で，触法歴があり，精神症状が不安定な場合のチーム編成例である。この場合，就労支援の一環として，まず教育，生活援助，治療などの環境整備が必要となるため，学校，医師，警察関係者を含んだ支援チームが結成される。所属の全く異なるチームメンバーは面会，電話連絡などの簡便な手法で連携を図る。

日本でのIPSの運用方法と課題

日本でのIPS運用の一例として，精神科デイ・ケア内にIPSオフィスを開設し，就労スペシャリストを配置する形があります（図5）。われわれは，この形態を採用し，IPSの基本原則の遵守の観点から，就労スペシャリストはIPS業務に専念し，デイ・ケア業務は行わないように徹底しています。利用者の数や施設の規模，その他経済的な諸事情から，他業務の兼務を一部許容している施設もあります。精神科デイ・ケアにオフィスを構える利点としては，医療機関内であるため，医療チームとの連携が図りやすいことが挙げられます。また，精神科デイ・ケアの利用者が気軽に就労支援について相談できる利点もあります。就労ス

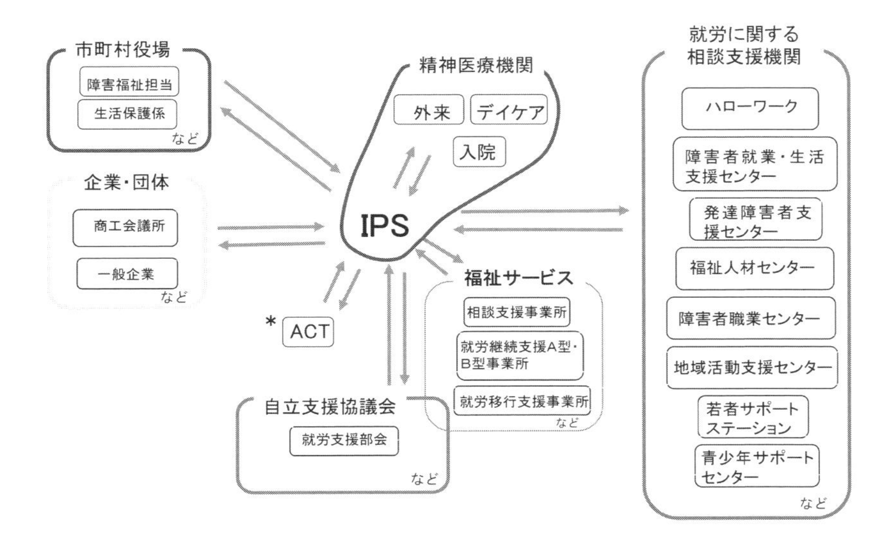

図5　日本におけるIPSの実践モデル

IPSチームが医療機関内にある場合の，地域各機関との連携模式図。詳細は本文参照。
*ACT（Assertive Community Treatment）は医療機関や訪問看護ステーションなどに附属する。ACTは包括型地域生活支援プログラムと呼ばれ，重度精神障がい者の地域生活を多職種で支援する。

ペシャリストが，就労に関するセミナーを精神科デイ・ケアで開催し，デイ・ケア利用者の就労意欲を高めたり，就労開始に必要な情報を提供することもできます（次項ケース2，8参照）。

その他，日本では就労移行支援事業者によりIPSが運用されている例があります（図6）。就労移行支援事業では，一般企業の就職を希望する障がい者に対し，就職に必要な知識及び能力の向上に必要な訓練，求職活動に関する支援，職場体験を提供し，適性に応じた職場の開拓，就職後の職場定着相談も行います。そのため，その業務内容はIPSと比較的類似していますので，IPSの導入に際し，大きな業務変更を必要とせず，ある程度収益性も担保できます。一方，多くの事業所は必ずしも精神障がい者に特化した支援を提供しているわけではないため，IPSを実践する上で支援内容が分散すること，福祉事業であるので医療との

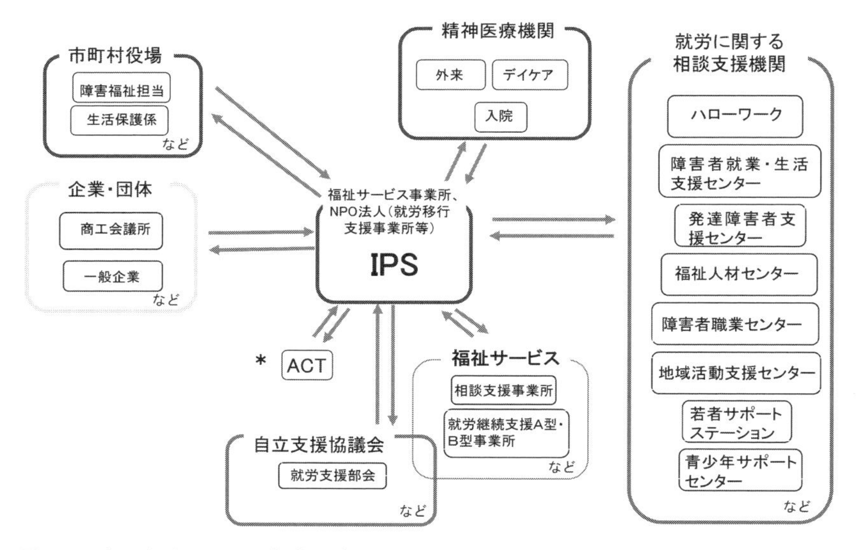

図6　日本におけるIPSの実践モデル

IPSが医療機関以外の，例えば就労移行支援事業所などの福祉サービス事業所やNPO法人で実践される場合の，地域各機関との連携模式図。詳細は本文参照。

連携を新たに構築する必要があることが課題です。また，事業所によっては就労前訓練に重きを置いているところも多く，IPS の特徴の一つである迅速な就職活動を行うには，事業内容の変更を必要とすることがあります。

日本においても，就労スペシャリストの業務内容は米国のそれとほとんど変わらず，面接（クライアントの希望，長所，就労歴の聴取など），職場開拓，就職面接や履歴書作成の援助，職場訪問，雇用主面接などが主体となります。次項に，われわれの実践例を 9 ケース提示していますので，詳細は割愛しますが，就労スペシャリストは日本においても特定の公的機関と頻回に，かつ密接に連携を取ることになります。最も就労スペシャリストが訪問し，電話連絡も多く取るのがハローワークであり，次いで障害者就業・生活支援センターでしょう。日本では，ハローワークに行けば相当な割合でその地域に存在する求人情報が獲得でき，就労スペシャリストはまずハローワークに足を運ぶことから就職活動を始めることが結果的に多くなります。これまでは精神障がいを有する人が直接ハローワークの窓口を訪問することが一般的でしたが，コミュニケーションの問題などさまざまな障壁があり，就労スペシャリストがハローワーク相談員との橋渡し役を担うことにより，精神障がい者によるハローワークの活用度が格段に改善します。時にはハローワークから IPS 事業所へケースが紹介されることもあります（次項ケース 9 参照）。障害者就業・生活支援センターは独自で就労支援を行っており，業務の重複を避けるなど有効な連携が必要ですが，IPS の開始前から事前の打ち合わせをし，開設後も地域の就労部会などで情報交換を定期的に行うことにより，十分相補的な連携が可能です。

これまで障害者就業・生活支援センターで支援されていましたが，特に精神症状が目立ち，希望の就労ができず，センター業務に負担を生じさせているケースなど，精神医療との密接な連携が必要なケースは必然的に IPS が担当することになります（次項ケース 7 参照）。IPS スタッフにとっても，就労関係の制度や地域資源について，障害者就業・生活支援センターから情報提供をされることで，支援がより有効に行えることも少なくありません。さらに，個別のケースに関して情報交換をすることで，本人の特性に合った支援が可能となる場合もあります。IPS の実践を開始し，徐々に問い合わせが増えているのが，市町村役場生活保護係からの案件です。生活保護受給者の中には，再就職を希望する者が相当数いると思われますが（次項ケース５参照），生活保護係から見てそれを妨げている要因として，精神疾患が疑われるケースがあります。特に未受診のケースの場合，就労支援目的で IPS 利用を開始し，同時に精神科治療に導入するという，今までにない新たな選択肢を提供できます。

就労スペシャリストと精神科医の連携は，IPS の８つのルールにすでに明記されているように，就労実現のために非常に重要な要素です。精神がい者が，特に就職直後に様々な慣れない環境に暴露されるとき，症状が一時的に「揺らぐ」ことがあります。これは，決して「悪化」と言うべきものではなく，１～２週間以内に主治医の診察と内服の調整を行えば比較的早期に消失するものです。しかし，そのまま放置すれば，ときに「揺らぎ」から「悪化」へ進展することはあります。症状の揺らぎを経験することは，再発の注意サインやその対処方法を本人が学習し，自己の健康管理能力を高める絶好の機会となるので，この機会を見逃さず，タイムリーな医療介入をすることが推奨されます。就労スペシャリストと精神科医の連携において課題となるのは，日本では精神科医の教育において，多職種連携や地域移行への取り組みに関する学習がまだ十分と言えず，就労支援との連携の意義を十分理解できる精神科医が不足している点です。

一方，社会復帰や地域移行に対して熱心な精神科医にとっては，IPS との連携は治療的にも大変有意義なものとなるでしょう。診療の場面で，主治医が，その患者が抱えているストレス，家族間葛藤は，就労を実現すれば速やかに解決すると感じることはしばしばあります。ただ，限られた診療時間の中で，対象患者の就労へのモチベーションを高める指導を行うことは容易ではありません。このような場合，IPSを紹介し，その支援内容や就労の意義などを就労スペシャリストから説明されることで，就労へ挑戦する勇気を患者が得ることは決して稀ではありません（次項ケース2参照）。

日本ではすでに精神障がい者を含む障がい者の就労を直接的，あるいは間接的に支援する機関は相当数存在し，連携を円滑に図ればより高い実績が期待できると思われます（図5，6）。IPSをひとたび導入すれば，例えば，自立支援協議会，社会福祉協議会関連の諸センターとはしばしば連携を取る機会が生じます（次項ケース3，9参照）。ただ，これら既存の支援機関の多くは，通所系の相談サービス業務が主体であり，地域に出て訪問活動を通じて直接人的交流を図る活動は限られています。そのため，個々の機関の連携は必ずしも十分でないことが多く，場合によっては同一ケースが複数の機関を利用していても，機関同士がそれを周知していないこともあります。IPSの特徴はアウトリーチを主とする訪問サービスを提供することであり，特に精神障がい者の支援に関して，そのフットワークの軽さを生かしてこれら既存機関間の連携促進役としての機能を果たすことができ，これは新たなIPSの可能性となりえます。

以上，米国で確立されたIPSですが，われわれがその基本ルールを日本で可能な限り守りながら実践した際，見えてきた可能性と課題について述べました。課題については，以下に再度まとめます。

課題1：医療との連携

IPSの基本原則の中に「就労支援の専門家と医療保健の専門家でチームを作る」というものがあります。日本でIPSモデルに基づき就労支援を行っている機関には，精神科病院（精神科デイ・ケアを含む），就労移行支援事業所や生活訓練事業所などの障がい福祉サービス事業所，NPO（特定非営利活動）法人などがあります。所属する法人内に医療機関があるIPS支援は，医療との連携が比較的とりやすいのですが，法人内に医療機関を持たない機関は，医療機関と連携を取るために，診察時に同席をしたり，主治医にアポイントを取って面会したり，場合によっては，相談員を介して連携を取ることになります。そのため，密接に，タイムリーに医療機関と連携することが困難な場合があります。また，地域診療に従事する精神科医の中には，危険回避型の指導に偏重したり，就労支援へ協力することに躊躇する医師もあり，IPSの理論やその背景にあるリカバリーモデルの理解に向けた取り組みが今後必要となります。

課題２：収益の問題

医療機関でIPS支援を行う場合，IPSや就労支援に対する診療報酬がないため，支援にかかる経費は各法人で負担することになります。そのため，法人からの理解，協力を得にくく，支援にも限りが出てくることが考えられます。

課題３：就職の斡旋

米国では，就労スペシャリストは，雇用主に対し，直接，候補者を紹介することができます。対して日本では，職業安定法により職業紹介事業は原則禁止されています。ただし，厚生労働大臣の許可を得た機関は，職業斡旋が可能です。すなわち，IPS支援機関の就労スペシャリストが直接，雇用主候補者に利用者を紹介したり，仕事を斡旋することはできません。そのため，職業紹介事業所［職業安定所（ハローワーク），民間職業紹介事業者等］との迅速かつ密接な連携が必要です。例えば，ハローワークと連携を強化しておけば，就労スペシャリストが職場開拓で知り得た情報を迅速にハローワークに提供し，ハローワークからクライアントへ雇用主の斡旋を行うことが可能となるでしょう。我が国のハローワークは地域の雇用情報の大半を保有しており，訪問すればかなりの就職情報が迅速に入手できますが，その利便性ゆえ，訪問活動を生かした地域の就職状況の調査・把握，雇用主の開拓などのIPSにとって核心的な活動が日本においては軽視される可能性があり，その点は注意すべきです。

課題４：障がい者雇用と一般就労の関係

日本では，障がい者の雇用を促進する目的で「障がい者雇用」や「障がい者トライアル雇用」という雇用形態が近年増加する傾向にあります。IPSの目指す「一般就労」の概念として，「期限を定めたものではなく（シーズン限定の仕事等は除く），最低賃金が支払われ，誰でもが申し込みできるもので，障がいを持つ人のために特別に設けられた職場や仕事は指さない」としています。厳密にこの定義を適応すると，「障がい者雇用」や「障がい者トライアル雇用」は，「一般就労」には含まれないことになります。しかし，実際には，「障がい者雇用」といえども，「期限を定めたものではなく，最低賃金が支払われ，障がいのない従業員と同じ職場で同じ業務をしている」ケースが相当数認められます(次項ケース3，5など)。また，一般求人と障がい者求人の両方を行っている企業も多く，応募者がたまたま障がい者登録をしていたため，障がい者求人からの就職になることもあります。

「障がい者雇用」を行う企業には，各種助成金が支給されるため，誰でも申し込みできる一般求人への応募を希望した場合でも，仕事内容や条件は変更されずに障がい者求人を通した採用へ変更されることもあります。そのため，IPSの目指す「一般就労」の中に，一部の「障がい者雇用」を含むかということについては，今後議論が必要です。さらに，障害者雇用制度が充実するにつれ，時にクライアントの本来の目標や意志に反して，障がい者雇用が斡旋される危険が生じると思われます。障がい者の法定雇用率が2%に設定され，平成30年から精神障がい者も含まれることを勘案すると，この傾向は加速する可能性があります。そのため，「精神障がい者の地域との共生とリカバリーの促進のため一般就労を目指す」というIPSの本来の理念と目的を，ハローワーク職員と十分共有しておく必要があります。

日本でのIPS実践例の紹介

ケース1：IPS導入の必要性を気づかせてくれたケース

10代男性。反抗挑戦性障害。知的障害（IQ 65）。

【病歴】両親は本人が3歳の時に離婚。5歳時，母親が養育困難となり養護施設に預けられました。養護施設では他児への暴力，器物破損が目立ち，福祉施設に転所となりました。10歳を過ぎ，素行不良（喫煙，入れ墨，破壊行為，盗みなど）に加え，精神運動興奮があり，精神科病院へ入院を3回繰り返していました。同様な理由で当院に入院となりましたが，当初は執拗に要求を繰り返し，叶えられなければ暴言を吐き，またしばしば「大人は誰も信じられない」と口走っていました。日程表，行動評価表を作成し，達成すれば本人の希望（買い物，釣り，キャッチボール，柔道など）を可能な範囲で叶えることにしました。野球や柔道の最中は，常に全力で力を抜くことができない不器用さが目につきましたが，別人のように少年の笑顔が溢れていました。バック転をしてみせるなど身体能力はとても高いことに驚かされました。次第に暴言は減り，病棟スタッフとも打ち解けたころ，入院前の触法行為のため，退院後は県外の施設併設の中等部に転入することになりました。「将来の目標は？」の問いに，「早く働きたい。できれば給料の高いもの」と答え，退院5日前，精神保健福祉士と就労継続支援A型・B型事業所へ見学に行きました。本人は「卒業したら，ここで働きたい」「1年頑張って帰ってくる」と述べました。

【ストレングス】短気だが優しい一面がある，身体能力が高い，肉体労働を苦にしない，若い。

【リカバリーを助ける夢・目標】「早く働きたい。できれば給料の高いもの」

【就労目標】「体を使った仕事をしたい」

【支援経過】中等部卒業後，生活保護受給を開始し，約束通り共同生活援助（グループホーム）へ入所し，就労継続支援Ｂ型事業所へ通所を開始しました（主にタオルたたみ作業）。業務に慣れてくると，気に入らないことがあるたびに机をけり上げるなど，粗暴な言動が目立つようになりました。一方，庭園管理業の補助には生き生きと参加しました。その後，他の利用者から金品を巻き上げる行為，飲酒・喫煙が発覚し，就労継続支援Ｂ型事業所の利用中止の決定が下りました。直ちに利用できる支援制度が見当たらず，本人も支援者も途方に暮れていました。

主治医は本人が「体を動かす仕事がしたい」と希望したので，スタッフの協力を得て，病院の裏山の荒れた畑を開墾する計画を立てました。作業は早速開始され，４ヵ月後，荒れ地は作物を植えることのできる立派な畑へ生まれ変わりました。作業が一段落すると，本人が時間を持て余すことが増えました。そこで，法人の全部署のスタッフが参加するカンファレンスで本ケースを取り上げ，ブレインストーミング法を用いて本人に向く職種について意見を募りました。カンファレンスに参加したスタッフからは養護学校通学，遠洋漁業の船員，大工，草刈り業など，さまざまな案が出されました。さらに，このカンファレンスを契機に，職員から２件ほど雇用主の紹介があり，その１人とは病院で面接をすることになりました。面接は和やかに進み，雇用主は雇用に前向きでしたが，持ち帰ったところ職員や家族の同意が得られず，就労に至りませんでした。「精神病院に入院したことのある人間なんかどこも雇ってくれない」「ゴールがあれば頑張れる。何も見えんのにやれってのは無理」と本人はやけになりました。本人から「ハローワークに行っちゃいけんかな」と言うことがありましたが，自ら行くことはありませんでした。

主治医は，新聞のチラシ広告などを調べ，魚の選別のアルバイトに「年齢，経験不問」という見出しを見つけ，応募してみないかと持ちかけました。一度は，採用面接直前に逃亡することがありましたが，2 回目は主治医と支援スタッフ同伴で，面接に向かいました。面接の結果採用が決まり，そのまま現場監督の挨拶に向かいました。本人を見た現場監督が「若いので，選別より，船に乗らないか」と話したのをきっかけに，船会社を紹介され，その場で採用が決まりました。漁師の仕事は過酷で，冬期でも 1 週間以上海上で過ごし，1 日のみ陸に上がる生活でしたが，休むことなく，「漁が終わったときは，すごい気分がいい」と言い，他の船員からひどく叱られたことも嬉しそうに話していました。仕事は継続され，生活保護受給は終了し，正式採用に至りました。その間，支援スタッフは定期的に雇用者と連絡を取っていました。

【まとめ】本ケースが雇用に至った要因として，少なくとも以下の点が挙げられます。①本人が就労を希望すれば，問題山積の中でも，第一に本人の思いを尊重し，就労支援を開始したこと，②弱点の修正よりも本人のストレングスを生かす支援へ変換したこと，③待つより，地域に飛び出し仕事を勝ち取る方針に変換したこと，④雇用主との面会に主治医や支援者が同行し，雇用後も病院の支援が継続されることを約束したこと。これは治療者，支援者が，障がいを持ち，頼れる身寄りのない本ケースの成長と自立を少しでも前進させるために，本人とともに，時に挫折し，時に希望を抱きながら，試行錯誤の結果行った取り組みでした。

その折，訳者は IPS を知る機会を得ました。そしてその支援方法が偶然にも本ケースの支援経過と酷似していることに感嘆し，IPS の理念に共感したことが，IPS 導入の動機となりました。ここで紹介したように，本ケースは社会人としての第一歩を踏み出すことはできましたが，社会規範への遵守精神はまだまだ希薄で，その後いくつもの危機に直面することになりました。それでも尚，当初「早く働きたい。できれば給料の高いもの」と述べた就労経験の全くなかった彼と，懸命に働いた経験を得た彼とでは，実践知において雲泥の差があり，その差は今後，彼が行動選択を行うときに，少なからず正の影響を与えると信じています。そして「働くこと」が彼の人間的成長にとって，いつの時も不可欠であることはまぎれもない真実です。IPS の醍醐味は，その支援が単に就職を目指すのではなく，人の成長，すなわちリカバリーを目指すところにあります。

【当事者の声】「話の時に携帯いじっていたら社長にめちゃくちゃ怒られた」「船長に飯おごってもらってうれしかった」「仕事はめちゃくちゃしんどい。でも船を降りたときすごく気持ちいい」

ケース 2：「誰でも就労できる」という除外規定を設けない支援理念が本人と家族に希望を与えたケース

30 代男性。統合失調症。

【病歴】大学生のときに発症し，入退院を数回繰り返していました。被害関係妄想と意欲・感情表出の減少は慢性的に続いていました。就労歴は大学卒業後に数ヵ月のみで，以後無職で経過しました。就労継続支援 B 型事業所（以下 B 型事業所）へ通所し，タオルたたみや魚箱を作る作業をしていましたが，週 1 回の通所が限度でした。本来知的活動を好み，肉体労働は不向きでした。最終入院後は B 型事業所への通所はせず，精神科デイ・ケア（以下デイ・ケア）へ週 2 回通所を開始しました。

【ストレングス】粘り強い，知的に高い，素直，資格を持っている，家族が協力的で服薬管理もしている，自分の症状や注意サインを理解している。

【リカバリーを助ける夢・目標】「私は，理系の大学を卒業し，電気主任技術者の資格を持っているので，それを生かした仕事につきたい希望を持っていますが，なかなか就職の機会に恵まれないので，今は，パソコンを利用した事務系の仕事につきたいと思います」「就職した会社で出世したいです」

【就労目標】「始めは週２日，午前中の仕事を目指し，将来的には週５日丸１日の仕事をこなしたいと思います」

【支援経過】デイ・ケア通所時，IPS就労支援の情報を入手し，「自分でも働けるのでしょうか？」と，おどおどと自信なさげに主治医に相談しました。主治医は就労できることを保障し，IPSの利用を勧めました。本人はデスクワークが得意で，週２～３日の事務系の仕事であればできると就労スペシャリストに伝えました。一方，家族は就労をもともと想定しておらず，デイ・ケアに週２回しか行けないようでは仕事をするのは無理と反対しました。また，仕事をしてまた病状が悪くなったら困ると述べ，IPSの利用自体も反対しました。主治医は，本人と家族へIPSの理念，支援方法，海外での実績について説明を行いました。家族は，ストレングスを生かすことの大切さとIPSの理念を理解し，IPSの利用に同意しました。

まず，デイ・ケアでパソコン訓練や就労準備プログラムへ参加しながら，短時間から就労できる事務系の仕事を探していくことになりました。さっそく，本人の希望する事務系，週３日の一般求人を見つけましたが，残念ながら定員がいっぱいで応募できませんでした。しかし，就労スペシャリストは今後の参考のために，その職場の見学を提案し，本人も同意しました。見学時の質疑応答はしっかりしており，事務能力を正確に伝えるために，デイ・ケアでパソコンを用いて作成した資料を持参し，見てもらうなどしました。

次に，本人の希望に合った求人を見つけましたが，就労日数が多いと家族の同意が得られませんでした。そのような場合でも，自らデイ・ケアの通所日を増やし，ただ待つのではなく家族の理解が得られる努力を始めました。最初の見学から約１ヵ月後，見学した企業が求人を出すとの情報がハローワークより寄せられました。企業が先の見学を機に，本人の採用について検討したいと希望し，障がい者専用求人ではあるが応募をして欲しいと打診してきたとのことでした。最長６ヵ月限定ではありますが，本人の希望どおりの週３日勤務の事務職であり，家族の賛成も得られました。就労スペシャリストは，本人と履歴書，職務経歴書を作成し，採用面接に同席しました。面接前に不眠を認めましたが，再発の注意サインであることを自覚しており，頓服の睡眠薬をうまく利用し乗り切りました。

見事に採用連絡があった後，就労スペシャリストは担当者へ連絡し今後のサポートについて話し合いの場を設けました。企業も障がい者の雇用は初めてということもあり，手探りですが，自分たちも勉強をしていきたいと前向きで，今回の雇用を本人のステップアップにして欲しいと述べました。家族も 10 数年振りの就職を大変喜び，母親は毎回弁当を作り，中学時代からの夢であったデスクワークを叶えることができたと，本人とともに喜びを噛みしめています。

【まとめ】Ｂ型事業所への通所は週１日が限度で，以前資格取得の勉強中，病状が悪化し入院したこともあり，家族は仕事をすることで本人の調子が悪くなるのではと懸念していました。また，慢性経過の中，デイ・ケアに淡々と週２日通所している様子から，彼を知る多くの人は，本人の就労は無理ではないかと感じていました。しかし，主治医，就労スペシャリストは，本人の内に秘められた就労意欲や知的水準は高く，仕事内容が合えば十分に就労は可能だと確信を持っていました。ただ，本人は優しい性格で，自力で家族を説得することは難しいようでした。最終的に，主治医と就労スペシャリストが協力して家族の理解を獲得したわけですが，本人，家族，支援者が共通の目標に向かって協働する体制が整ったことが就労を実現する鍵となりました。本ケースは，就労スペシャリストに勧められて，当時求人のなかった職場の見学に行ったのですが，面接だけでは伝えきれないであろう本人の人柄と能力を見学時に伝えることができたことで，その後の予期しない急展開を生むことになりました。すなわち，施設から出て，地域に向かい，職場に足を踏み入れるという，前向きな行動を起こすことで，想像もつかないチャンスが生まれることを本ケースは教示しています。「週5日の通所ができないから就労できない」のではなく，「誰でも働ける」というIPSの理念と本人のストレングスを理解することで就労は可能になると実感したケースでした。

【当事者の声】「憧れの事務職に就職することができて嬉しい」「1日でも早く仕事を覚えたい」「1日1日をミスのないようにやっていきたい」「自分にはやっぱり事務仕事が向いている」「今回の就労が終わったら，デイ・ケアに週5日通い，希望する求人があったらすぐに行けるよう，家族にも示したい」

ケース3：期限を設定しない（あきらめない）就労支援

40代男性。アルコール依存症。

【病歴】17歳の頃より飲酒を開始しました。高校卒業後一般就労し，職歴は，営業，タクシー運転手，スーパー，配管工，クリーニング業など多種にわたっていました。当時から，仕事終わりに飲みに行き急性アルコール中毒で運ばれることがありました。37歳以降，精神科病院に計3回の入院を経験していました。3回目の入院後，交際相手と同居を始めました。同時期，精神科デイ・ケア（以下デイ・ケア）通所を開始し，1ヵ月後から就労継続支援B型事業所（以下B型事業所）にも通所を始めました。この頃，精神障害者手帳2級を取得していました。

【ストレングス】優しい，気遣いができる，いろいろな仕事を経験している，運転が好き，運動神経がよい，彼女が協力的で抗酒剤の服用を確認してくれる，就労や断酒の意欲は高い。

【リカバリーを助ける夢・目標】「彼女と結婚して仲よく暮らす。畑で野菜を作ったり，山菜を採ったりして，それを売って過ごす。断酒を継続する」

【就労目標】「（心のどこかに営業をしたい気持ちはあるけど）職種は問わず，一般就労がしたい。フルタイム，週休2日を希望。通院ができるところ。給料は手取りで最低13万円欲しい」

【支援経過】一般就労を希望し，IPSの利用を開始しました。失業給付が2ヵ月後に切れることもあり，焦っていました。就労スペシャリストと，本人の目指すリカバリーの1つである「断酒継続」を確認し，まず情報収集をしながら応募職種を絞っていくことになりました。B型事業所の通所を継続しながらデイ・ケアではパソコンの練習を行い，面談やハローワークへの同行を週1回程度行いました。応募前の見学は就労スペシャリストが雇用担当者と連絡をとり調整しました。採用面接の調整はハローワークが行い，障がいの開示を希望したため，就労スペシャリストは面接に同席しました。しかし，3社続けて不採用が続き，失業給付の終了が迫ったため，「病気をクローズ（非開示）にして就職活動をしたほうがいいのだろうか」「とにかくどんどん（面接を）受けていこうと思う」などと言い，ますます焦りが募りました。

そこで，就労スペシャリストは，主治医に定期的に状況を報告しながら，相談支援専門員やB型サービス管理責任者と共にこれまで通りの就職活動を続けるよう励ましました。支援開始2ヵ月後からは，ハローワークに加え中高年齢者向けの無料職業紹介所の相談も開始しました。「雇用主には病気を開示するが，支援を受けていることは開示しない」と希望し，採用面接を受けましたが，またも2社続けて不採用となりました。そこで，無料職業紹介所の相談員からの助言があり，次から支援を受けていることも開示することになりました。その次の採用面接では受け答えもうまくでき，採用担当者の病気への理解も高かったのですが，最終的に社長の許可が下りず，不採用となりました。期待が大きかっただけに本人も就労スペシャリストもひどく落胆しましたが，「早く今の状況から脱却し，就労したい」という本人の想いは依然強く，すぐに次の応募先の検討を開始しました。

支援開始3ヵ月半後，本人が見つけた青果問屋での配送業務の求人へハローワークを通じて応募したところ，障がい者トライアル雇用が決定しました。その就職面接には就労スペシャリストも同席しましたが，直属の上司のみと面接を行ったため，採用決定1週間後，就労スペシャリストと社長が改めて面談を行いました。本人の病状と今後のフォローについて話し合い，抗酒剤の服用の仕方についても情報共有を行いました。また，本人と就労スペシャリストが職場で面会することについて社長から快諾を得ました。就労開始2週間後，会社にて面談を行い，繁忙期で多忙であるが仕事は順調で上司からも高い評価を受けていることが確認されました。その後は，受診後の面談や電話で近況を確認し，上司とも月に1回連絡を取りました。上司から飲酒に関して時々話題を出し注意していることが伝えられました。3ヵ月の障がい者トライアル雇用が終了し，本人と会社とも就労継続を希望し，正式に障がい者雇用に移行しました。現在は配送業務ですが，かねてより本人が希望していた営業業務の話も出ています。彼女とも入籍をし，断酒継続1年が経過しようとしています。

【まとめ】当初は一般求人から応募先の検討を行いましたが，3ヵ月半で営業，接客・販売，運転，鉄工所，瓦製造など様々な職種で不採用が続きました。3社目くらいになると，気持ちが滅入り焦りも出てきて，自分がめざすリカバリー像や就労目標を見失い，手当たり次第に就職面接を受けそうな時期もありました。また，就労スペシャリストから離れ，1人で就職活動をすることもありました。この時期は就労スペシャリスト自身も就職が実現できるのか不安を感じていました。そのような時でも，他の支援者と情報共有やケア会議を行い，不採用後もあきらめずに速やかに次の就職活動を開始することで，双方が前向きな意識を保てるよう努めました。

本人は，病気を開示した上で通院や断酒会の参加に理解を示してくれる職場であれば，障がい者雇用，一般雇用にこだわりはありませんでした。今回選択した職場の仕事内容や職場環境は，一般求人と変わらないもので，本人も企業も障がい者雇用ということを特別意識しませんでした。結果，企業側は，本人の障がいを理解しながらも一従業員として接し，性格も理解した上で，時には厳しく，時には遠くから見守ってくれ，本人にとって自分らしく振る舞える職場となりました。今回の就職活動を振り返って，「1回では見つからないが，あきらめずにやっていたら，自分に合ったものが必ず見つかる」と本人は話していました。就労スペシャリストもあきらめずに支援をすることで，『巡り合わせ』というものがあると感じたケースでした。

【当事者の声】「1回では見つからないが，あきらめずにやっていたら，自分に合ったものが必ず見つかる」「嫌なこともあるが，やりがいがあって楽しい。運転業務なので，お酒を飲みたいとか飲みたくないとかも考えることはない」「断酒について，抗酒剤はお守り，断酒会が薬」

ケース4：本人のペースを尊重した就労支援

40代男性。統合失調症。

【病歴】大学卒業後一般就労しましたが，統合失調症を発症し退職しました。その後，資格を取得し，独自で就職活動を行いましたが，いずれも早期退職し，次第に就労から遠ざかっていました。結果，約5年間自宅で自閉的生活が続きました。不規則な通院の結果断薬し，急性増悪のため精神科病院へ初めて約1ヵ月半入院することになりました。入院を契機に病気，内服の必要性の理解が進み，退院後は外来通院に加え，就労継続支援B型事業所（以下B型事業所）への通所を希望しました。残念ながら，空きがなく，精神科デイ・ケア（以下デイ・ケア）の通所を始めることになりました。

【ストレングス】優しい，真面目，始めたらやり抜く，福祉の資格を持っている，家族が協力的，車を所有している。

【リカバリーを助ける夢・目標】「一般就労し，（経済的に）自立した生活を送る」

【就労目標】「フルタイム，正規雇用，正社員を目指す」

【支援経過】デイ・ケア通所中に就労を希望し，IPSの利用を開始しましたが，自閉，意欲低下が目立ち，なかなか就職活動を行動に移せませんでした。就労スペシャリストとの面談や就労準備プログラムに参加することで，ハローワークには行けないものの，就労先をインターネットで検索するなど，わずかずつですが，就労に関わる活動が見られるようになりました。就労スペシャリストはあくまでも本人のペースを尊重し，せかすことなく就労支援を行いました。そのうち徐々に就労意欲が高まり，支援開始約2ヵ月半後，就職面接を受けるまでに至りましたが，不採用となりました。

その後は，就労意欲はあるものの，次の就職活動を行うことには躊躇していました。そのころ，B型事業所の空きが出たことを伝えられ，本人から「一般就労を目指すけど，自信をつけるために，まずはB型事業所へ通所したい」と明確な希望が述べられました。本人の希望を尊重し，就労スペシャリストはB型事業所と連絡を取りました。就労スペシャリストは，本人が居宅介護支援員の資格を将来の一般就労に生かしたいと希望していることから，B型事業所通所に伴う計画相談にセルフプランを導入し，本人自ら計画立案をすることを提案しました。本人は喜んで同意し，自分自身で計画書を作成し，ケア会議の進行も自ら行いました。デイ・ケア通所は週3日でしたが，B型事業所への通所は「仕事だから」という本人の希望を尊重し，週5日でスタートしました。

通所開始2週間後には，精神的にも身体的にも疲労が溜まり，服薬はしていたものの，不眠，易刺激性，被害関係念慮が出現しました。就労スペシャリストは，その様子をすぐに主治医に報告し，服薬の調整が行われました。就労スペシャリストは，この状況をどう乗り切るか本人と協議し，1日休むことを提案しましたが，本人が翌週までやりたいと希望し，様子をみることにしました。服薬調整で睡眠が改善したことで精神症状は落ち着き，危機的状況を休むことなく乗り切ることができました。その後，定期的に就労スペシャリストと振り返りを行い，再発の注意サインと対処法を確認しながら，希望の一般就労を目指しています。

【まとめ】主治医，就労スペシャリストは，本人が障がいを開示し，支援を受けながら就労することは十分可能だと考えていました。しかし，本人は自閉や意欲低下などの症状を自覚しているものの，どこかで疾患を否定したい思いもあり，当初は障がいは非開示で，自分で就職活動を行いたいと希望しました。そのため，定期的に面談を行いながら本人が自主的に就労活動を開始するまで見守りました。精神科病院への入院で，病気の理解は進んだものの，本人の自尊心は傷ついており，就労のためには，自尊心の回復が必要と思われました。B 型事業所への通所は，IPS の目指す一般就労とは異なりますが，今後一般就労を目指す上で，それは本人の自信を回復させる有効な選択肢と考えられました。また何よりも本人が B 型事業所の利用を希望したことを尊重しました。結果的に，B 型利用は，不眠が再発の注意サインであることを学び，危機的状況を乗り切るよい機会となりました。本人自身も「自分で決めたことなので，プレッシャーもあったけど，やり遂げたい気持ちがあったので乗り越えることができた」と話しています。さらに，初工賃を受け取り，自分のお金で診察代や嗜好品代を払えることに喜びを噛みしめ，仕事に対するモチベーションも高まっています。就労スペシャリストがリードするのではなく，本人の希望を尊重し，本人のペースで支援をすることで自己効力感が高まりました。このように，当事者は，自分主導の試行錯誤から最も多くのものを学び，事実を受け入れる心の準備をはぐくむのです。本人の本来の夢，「フルタイム正社員」を実現できるよう支援は継続されています。

【当事者の声】「自分で稼いだお金で好きなものを買ったり，診察を受けるのは喜びであり，気分がいい」

ケース 5：多職種で協働し頻回のアウトリーチ支援を行ったケース

40 代女性。双極性感情障害。

【病歴】中学校卒業後，カメラ屋やガソリンスタンドで就労していました。20代前半で結婚し，第一子を出産しました。約10年前に義父が亡くなり，夫の借金問題，離婚などが続き，以後動悸や不眠が出現し，精神科クリニックへ通院を開始しました。その後は，職場でストレスが溜まると不安発作を起こして倒れたり，意欲低下，希死念慮も出現することがあり，就労は長続きしませんでした。経済的不安が高まったときは急速にうつ状態を呈し，また時に浪費や気分高揚感も認め，気分安定薬を処方されました。4年前より当法人のクリニックへ通院を開始しましたが，抑うつ気分の波は続いており，障害年金，生活保護を受給し生計を維持していました。

【ストレングス】気遣いができる，相談できる支援者がいる，様々な仕事を経験している。

【リカバリーを助ける夢・目標】「働けるようになって，公営住宅から民間住宅へ転居したい」

【就労目標】「生活保護を切りたい」「自分に何ができるかわからないけど，体を使う仕事がしたい」

【支援経過】就労継続支援B型事業所（以下B型事業所）へ約2年間通所していましたが，経済的困窮を理由に一般就労を希望し，IPSの利用を開始しました。精神科訪問看護を利用しており，就労スペシャリストはまず訪問看護スタッフと病状や家庭環境について情報交換を行いました。支援開始当初，就労スペシャリストと共にハローワークへ行き求人情報の収集を行いましたが，どのようなことがしたいか，どのような仕事ならできるかがわからず，「やっぱり働けない」「私に働くところはない」とむしろ悲観的になりました。そこで働いている自分をイメージしてもらうため，就労スペシャリストは職場見学を提案しました。本人は障がいは開示して就労したいと希望し，B型就労で行っていた作業と似た職種の障がい者専用求人を見つけたので，まずはその企業を見学してみることにしました。職場見学を行うと同時に，相談支援専門員と収支の整理も行いました。協議の結果，携帯電話を解約したことで，経済的な見通しがつき，精神的にも安定しました。

一般就労へ向け，いよいよ就職活動を開始することになりましたが，本人は，以前見学に行った企業の就労を希望しました。残念ながら，当時求人は出ていなかったので，就労スペシャリストが雇用主に連絡をとったところ，障がい者専用求人を出すとのことで，応募することになりました。障がい者雇用という雇用形態ですが，仕事内容，給与，作業場所は他の同僚と変わりはないことが確認されました。朝が弱いことや就労が久しぶりということに本人は不安を抱いていましたが，まずはやってみること，1人ではないことを就労スペシャリストは伝えました。就労スペシャリストは履歴書作成を一緒に行い，面接にも同席しました。本人は緊張していましたが，面接当日になると，「やるしかない」と述べ，質問にも落ちついて答え，障がい者トライアル雇用で就職が決まりました。

朝が弱いため，初日は就労スペシャリストがモーニングコールを行いました。「働くって大変」と言いながらも，表情よく仕事を始めましたが，就職5日後，出勤前に原動機付自転車の鍵をインロックしてしまい，鍵を取り出してもらうのに予定外の出費をしてしまいました。そのことで，生活への不安が再燃し急激に悲観的になりましたが，就労スペシャリストが迅速に介入し，相談支援専門員に収支表の作成を再度依頼したことで安心することができました。しかし，インロックを10日後に再度してしまい，またも不安が再燃しましたが，鍵業者に合鍵を作ってもらうことで問題は解決しました。

仕事については，会社の評価は高く，職場は就労継続を希望しましたが，本人は「なかなか仕事を覚えられない」「自信がなくなってきた」「1日中仕事のことを考えて気分が下がっている」など，ネガティブな発言を次々と述べるようになりました。就労スペシャリストと相談支援専門員はその都度話を聞き，就労意欲が途絶えないように支援しました。しばらくして初任給が支給されてからは，経済的安心感が増したことで気分が上向き，美容院に行ったり，娘へ小遣いをあげることもでき，生活に喜びが増えていきました。その後は，寝坊や体調悪化で仕事を休むこともありましたが，その都度本人から就労スペシャリストに連絡があることで，就労スペシャリストは早めに仕事上の悩みを聞いたり，職場を訪問し本人の様子を確認することができました。相談支援専門員も自宅訪問を行い，次第に休みなく通勤できるようになりました。最近は，自分の症状や仕事の愚痴を同僚に話すこともできるようになっています。最初は，「3ヵ月（トライアル期間）もたない」と話していましたが，3ヵ月が経過し，生活保護は停止となり，継続雇用となっています。

【まとめ】就労スペシャリストは，本人と関わるのは初めてでしたので，まず以前から支援をしている関係者と情報交換を行いました。既知の訪問看護スタッフと一緒に自宅へ訪問することで，導入初期から本人が安心して話せる環境を設定しました。就労スペシャリストは，本人も参加するケア会議に同席し，方針の確認を多職種スタッフとともに行いました。就労開始後も，危機介入時には，就労スペシャリストと相談支援専門員が連携し，どちらかまたは両者で自宅や職場を訪問するようにしました。最初の1～2ヵ月間は毎日のようにあった本人からの電話が，3ヵ月目に入る頃にはほとんどなくなっていきました。最初の2ヵ月間，毎日のように起きる些細なトラブルで動揺する本人に，迅速なアウトリーチ支援をしなければ，離職率の高いこの時期を乗り切ることはできませんでした。また多職種と協働することで，本人がより安心できる支援環境を提供でき，就労スペシャリスト自身も支援の悩みを1人で抱え込むことがなかったことが，良好な支援結果を生んだ一因と考えられます。

【当事者の声】「相談支援専門員は，厳しいが，自分のことをよくわかってくれている」「生活保護の時は我慢していたが，自分で収入を得ることでずっと買いたいと思っていたものが買えた」「好物を１日おきに食べている」

ケース６：雇用主訪問により職場の評価を定期的にフィードバックすることで安定したケース

30代男性。うつ病，知的障がい（IQ 48）。

【病歴】元来大人しく，中学２年より不登校となりました。定時制高校を卒業した後，ショッピングセンターへ就職しましたが，心気的訴えが増え，精神科の通院を開始しました。製材所へ転職し，３年勤務できましたが，仕事が忙しくなると，機械の不調が原因でも自分のせいだと自責的になり，不安，行動制止，焦燥感が出現し，最終的に退職に至りました。また，金銭感覚に乏しく，収入の範囲を超えて，ローンを組んだりしました。これらの理由で，生活がうまくいかずストレスが溜まると，次第に遁走を繰り返すようになりました。無職が続き，就労継続支援Ａ型事業所の利用を開始し，この頃結婚しましたが，同様にＡ型就労中も遁走があり，欠勤が頻繁で，約３年在籍はしましたが実績は乏しく，利用は終了しました。その後，一度，障がい者雇用で就労しましたが２週間で出勤できなくなり退職しました。それでも就労の希望があり，IPSの利用を開始しました。妻は40代，統合失調症で治療を受けていますが，金銭的理由から彼女も就職面接を繰り返しており，IPSの利用を同時に開始しました。

【ストレングス】真面目，体を動かすことが好き，朝早く起きることができる。

【リカバリーを助ける夢・目標】「ローンを返済したい」「生活を立て直したい」

【就労目標】「長く続けられる仕事に就く」

【支援経過】IPSの利用開始は，夫婦ほぼ同時期でしたが，妻は夫が職に就かないため，働かないといけないという気持ちは強いものの，本音では，家庭に入り子どもを産み育てたいと希望していました。一方，夫は，雇用保険支給が開始したころより，就労に前向きとなり，面接では「続けられるか不安なので，就労スペシャリストと応募前にしっかり検討して就職先を決めたい」と，仕事を続けられることが就労の第一目標であると述べました。この当時，就労スペシャリストや主治医は，なぜこれまで長く仕事が続けられなかったのか，本人としばしば話し合いましたが，仕事の種類や時間など，ありきたりの理由しか聞き出せませんでした。就労支援は，本人が求人票からだけでは仕事をイメージできないようでしたので，実際の仕事場の見学から開始することになりました。本人の希望，条件に合う企業を2ヵ所見学し，就労スペシャリストとの面談で2つの企業のよいところ，気になるところをそれぞれ挙げました。最終的に，「自分に合う部署を考慮してもらえる」「従業員が多いので，人間関係が濃密ではない」という点が決め手となり，応募企業を決定しました。面接の事前練習を行い，当日には就労スペシャリストも同席しました。結果，食品製造会社で障がい者トライアル雇用の採用が決定しました。

他の正規職員に混じって，同じ業務をこなす職場でしたが，始めは就労時間を短縮して開始しました。就労開始後，作業は傍目から見るとそつなくうまくできているのですが，「周囲が何も言わないので低い評価を受けているのではないか」と不安を募らせ，また，適切に指導されることがあっても，「同じ失敗をまたしてしまうのではないか」と不安を膨らませていました。そのような思い込みから生じる不安感から，急に仕事を休むことが散見されるようになりました。就労スペシャリストは，就労後も頻回に面接を継続したことで，これらの情報を入手することができ，本人が過度に周囲の評価を気にしていること，そして悪い評価をされているのではとマイナス思考に陥っていることに気づき，これまで就労開始後早期に遁走や離職を繰り返した原因に気づくことができました。そこで，就労スペシャリストは職場の上司と頻回に連絡，面会を行い，職場から見た評価も確認するように努めました。そして，面接時に「挨拶がきちんとできている」「言われたことはきちんとしている」などといった会社からの客観的評価を本人に伝え，本人が思っているような悪い評価はないことをフィードバックしました。就労スペシャリストとの面会を通して，職場の上司も本人の特性を理解し始め，上司が直接「仕事がうまくできている」と声をかけることも増えていきました。トライアル雇用が終了し，本人と企業とも雇用継続を希望し，現在も就労を継続中です。

【まとめ】これまでの就労では，本人は1人で悩み，解決できないと遁走を繰り返していました。IPSではキャリアプロファイルを作成する過程で，本人のこれまでの就労歴，離職の理由を確認する作業を行います。その段階では，本人からは離職の理由として，「体がきつかった」「仕事が複雑だった」という，身体的，実務的な理由が多く述べられましたが，知的障がいのため，自分の思いや気分をうまく言葉で表現できていませんでした。

トライアル雇用開始後，就労スペシャリストは，職場訪問や電話連絡を頻回に行うことで，職場で本人が感じていること，考えていることをリアルタイムに詳細に聞き出すことができました。その結果，仕事が長続きしない主要因は本人のマイナス思考（認知のずれ）であることに気づきました。これまで，幾度となく就職で失敗したため，余計に自己評価が低くなり，近年では些細なことで不安が高まり，就労継続が困難になっていたようです。就労スペシャリストが，会社からの評価を定期的に本人へ伝え，客観的に自己評価ができるよう支援したことで，本人は少しずつ自信を深め，無断欠勤，長期欠勤なく就労を継続することが可能となっていきました。また，会社の上司は，障がい者雇用した者に対して，どのように声かけをすればよいかしばしば迷うことがありますが，就労スペシャリストがアドバイスすることで，評価を明確に直接言葉で伝えることに躊躇しなくなり，そのことも，本人の就労意欲の向上に寄与しました。

【当事者の声】「働くことに（今は）ストレスを感じていない」「支援を利用して，仕事の見学とかいろいろな相談事に乗ってくれるのでよいと思います。履歴書の書き方から他のことまで，いろいろ面倒を見てくれるのでよいと思います」。妻「夫が頑張っている姿をみて嬉しい」「いろいろな相談に乗ってくれて心強い」

ケース7：ストレングスだけでなく，疾患特性に焦点を当てることで，適切な職場選択ができたケース

30代女性。自閉症スペクトラム障害，うつ病。

【病歴】高校卒業後，職を転々としていました。対人緊張が強く，また音や匂いに過敏なため，慢性的に不安，緊張を訴え，時に抑うつ気分や希死念慮が出現し，入退院を繰り返しました。本人は車が好きで，自家用車の維持費を得るために就労を希望し，障害者就業・生活支援センター，相談支援事業所，就労移行支援事業所，発達障害者支援センターなどが就労支援を行っていました。本人は，自分の発達障害の特性やうつ症状は認識しているものの，求人があると飛びつき，希望とは異なる仕事へ就職し，早期に離職するというパターンを繰り返していました。さらに，こだわりが強く，本人が望むタイミングで望む支援が提供されないと，あちこちに連絡をし，また単独で行動し，支援関係が安定しませんでした。結果，支援者の助言を聞かず，面接にも現れない状態が続きました。焦燥感や衝動性も強まり，治療スタッフの介入も必要と考えられ，発達障害者支援センターからIPSに相談が寄せられました。

【ストレングス】真面目，行動力がある，1人で行う仕事にはコツコツと集中して取り組める，車に興味がある。

【リカバリーを助ける夢・目標】「しっかり長く働いて，欲しい車を購入したい」

【就労目標】「フルタイムの仕事をすること」

【支援経過】これまで早期離職を繰り返したのは，就労意欲はあるものの職場環境が本人に合っていなかったことや本人固有の疾患特性への対処が十分できていなかったためと考えられました。そこで，就労スペシャリストは，主治医を交えた面接を行い，本人が希望する長期就労を実現するためには，現在抱えている課題を明らかにし，就労支援方法を修正し直す必要があることを確認しました。そこで，内服薬の調整と同時に，これまでの就職活動や就労歴を就労スペシャリストと振り返りました。本人の特性（こだわりや聴覚過敏など），好み，ストレングス（例えば，人と接しない作業は集中して長時間できるなど）を確認しながら，本人に合う仕事，条件を書面で整理し，目に見える形でまとめました（キャリアプロファイルの作成；「サービス：就労支援の過程で継続的に就労アセスメントを行う」の項を参照）。

以後，就労スペシャリストは本人が実際に持参した求人情報の内容を一緒に精査し，それが本人の適正に合致しているか確認しました。企業に見学へ行った後も，同様に本人に適した就労内容や条件を確認し合いました。また，就労スペシャリストは，本人が求人情報を持参するたび，「その仕事を本当にやってみたいと感じますか」と質問するように心がけ，これにより，「求人があったから選ぶ」のではなく，「やりたいから選ぶ」ことの大切さを伝えました。就労スペシャリストは，本人の希望や強みに焦点を当てた計画的な企業の選定を手助けしましたが，それに加えて相談希望時には迅速に個別対応し，支援関係が良好に保たれるように努めました。そうすることで，次第に一方的に単独行動をとることがなくなり，採用面接前に事前の職場見学を希望したり，面接後に「就労スペシャリストと話し合って就労先を決めたい」と述べるなど，今までにない慎重な職場選びができるようになりました。その後，就労面接会を経て，2社から採用決定を受けたが，仕事内容を比較し，就労スペシャリストと協議の上1社を選び就労を実現しました。

【まとめ】職業選択を吟味する上で，ストレングスを重視することはもちろんのこと，疾患特性も十分考慮する必要があることは多いと言えます。本ケースのように発達障害を背景に持つ場合は，特にその配慮が重要になります。本人は，元々真面目で素直な性格ですが，見通しの立たないこと，あるいは想定外の出来事に直面した時には，極端に対処能力が低下し，容易に衝動的で拙速な行動に走る傾向がありました。そこで，就労スペシャリストは，支援開始直後に主治医と連携し，疾患に関する心理教育と内服調整を依頼するとともに，就労計画を文書化し，見通しを立てやすくするよう援助しました。また，想定外の事態に直面し援助が必要になったときは，努めて迅速に援助することで，支援関係を良好に保つことができました。本人の希望に添った迅速対応は支援関係やIPSの支援効果を良好に保つ上で非常に重要ですが，それを可能にするためには，1名の就労スペシャリストが担当するケース数は厳密にコントロールされなければならず（通常25名以下），その重要性と対策については，「スタッフ：就労スペシャリストが支援できるクライアントの数について」の項でも詳説されています。

【当事者の声】「薬が合っていて，イライラせず，落ち着いている」「焦ってもいいことはないとわかった」

ケース8：就労に伴う保障制度や収支への影響を考慮した支援

50代女性。双極性感情障害。

【病歴】20代で結婚し，2子を出産。当時より気分の波があり，精神科病院を初診し，以後通院治療を継続していました。福祉系の資格があり，夫の扶養の範囲内で，病院，老人施設，食品製造などをパートで転々としていました。約2年半前，夫と口論になり，不眠，多弁が出現し，躁状態に至ったことがありました。その後，ヒステリー発作（脱力し倒れる）も合併し，約1ヵ月精神科病院へ入院しました。退院後，精神科デイ・ケア（以下デイ・ケア）へ2年半，ほぼ毎日通所し，プログラムに積極的に参加していました。デイ・ケア通所中に家族間の葛藤から，混乱状態，ヒステリー反応を呈し，1ヵ月の短期入院を経験していました。

【ストレングス】人の話を聞くことが好き，老若男女問わず世話をするのが好き，誰とでも話ができる，車が運転できる，資格を持っている。

【リカバリーを助ける夢・目標】「主人が退職したら，旅行をしたい」「少しずつでも貯金をして，金銭的に余裕を持ちたい」

【就労目標】「人の話を聞いてあげる仕事（簡単な家事・手伝い）」「週2～3日の就労で，月1～2万円の収入を得る」

【支援経過】特別障害者給付金を受給していましたが，食費やガソリン代，保険代等を払うと，手元にほとんど残りませんでした。夫の収入は多くはなく，ほとんどが生活費にあてられ，本人が自由に使えるお金がなく，孫や自分のために月1～2万円程度でよいので収入が欲しいと就労継続支援B型事業所（以下B型事業所）の利用を希望し，デイ・ケアのスタッフに相談しました。本人，主治医，デイ・ケアスタッフは週2～3日程度の就労であれば可能と判断していました。デイ・ケアの精神保健福祉士が検討したところ，某B型事業所の工賃では，本人の希望の収入を得るためには週4日フルタイムで通所をしなければならず，さらに，課税世帯であるため，障害者自立支援法で定められた障害福祉サービスで利用者負担（月9,300円）が直接生じることもあり，結果的には週5日通所をする必要があることが本人に伝えられました。本人の希望する就労形態では，希望する収入を確保できないことが確認され，本人は最終的には一般就労を希望しました。精神面，体力面からも支援が欲しいとIPSでの支援を希望し，支援開始となりました。本人は，資格を生かす仕事からは長く離れており，それを活用できる仕事に就くことには強い不安を抱いていました。就労スペシャリストは，本人の資格を生かすことより，「人の話を聞くのが好き，世話をするのが好き」というストレングスに着目し，職探しを開始しました。現在，体験が可能な企業で実体験を重ねながら，自分に合う職種，働き方を検討しています。

【まとめ】本人が希望したこともあり，B型事業所の利用を検討したところ，制度上の収支を考えると，B型事業所では逆に本人に負担が過重となることがわかり，一般就労を目指すことになりました。デイ・ケアのスタッフと協働し，本人の希望する就労形態や就労した場合の収支の確認を行うことで，本人もどれくらいの時給でどれくらい働くとよいか具体的にわかり，就職活動を安心して行うことができたケースでした。「サービス：保障制度を熟知した就労奨励プランニング」の項で詳しく解説されていますが，IPSにおいて，保障制度を詳細に検討し，就労によって保障や年金収入などがどのような影響を受けるかを正確に把握することは，重要なIPS就労支援の業務の一つです。また，就労前，あるいは就労形態の変化が予想されるときは，その都度，予想される収支をまとめた明細書を作成し，本人に手渡すことが推奨されています。米国ではこのような業務に特化した専門職であるbenefit counselor（保障制度相談員）が用意されています。

【当事者の声】「少しでも収入を得て，孫に何か買ってあげたい」「（職場）体験をしたり，人の話を聞くことで，どの分野で働きたいかだんだんわかってきた」

ケース9：キャリアアップのための教育や職業訓練の支援

50代女性。統合失調感情障害。

【病歴】高校卒業後，看護学校に進学し，看護師免許を取得。看護師として勤務した後，結婚し3子を出産。約25年前に離婚し，帰郷しました。そのころより春先になると周期的に気分が落ちたり，時に高揚したりと情動不安定となり，独語も出現しました。看護師として勤務しましたが1年もたず，職場を転々としました。14年前より精神科病院へ通院を開始しました。独語，空笑，自発性低下があり，「顔がこわばる」

と不安感を訴え，「医師に話を聞いて欲しい」「注射をして欲しい」などと述べて時間外受診を頻回にし，入院を数回経験しました。この約５年間は安定して外来通院を継続しています。

【ストレングス】人によく好かれる，人に優しい，看護師免許を持っている。

【リカバリーを助ける夢・目標】「人と繋がって，役に立ちたい」

【就労目標】「資格を生かせる仕事に就く」

【支援経過】両親が働いて生き生きしている姿を見て，自分も働くことで「何かにつながっていたい」と思うようになり，自らハローワークへ相談に行きました。この際，ハローワークの担当者よりIPSを紹介され，その担当者から直接IPSに連絡が入りました。就労スペシャリストの方から本人に連絡を取り，面談を設定しました。面談の場では，「他者とのコミュニケーションはあまり得意ではない」「いきなり就職活動（面接）をするのは不安」と話し，就労意欲はあるものの，就職活動は慎重に進めたいようでした。そこで，精神科デイ・ケアのプログラムに参加し，コミュニケーション技術の向上を図りながら，同時に就労スペシャリストとの面談を継続することになりました。面接では，看護師の資格を有しており，資格を生かせる職種を望んでいることが確認されました。また，「病気を開示すると雇われない可能性が大きいと思う。一人前に，他の人と同じように扱って欲しい」と話し，雇用主への障がいの開示は希望しませんでした。就労スペシャリストは，診察にも同席し，本人の症状の特徴を把握するように努めました。

就労スペシャリストは企業情報の提供を継続していましたが，ある時本人から「資格の学びなおしの研修に参加することで，焦らずに自分に合ったものを見つけたい」とキャリアアップのための学習をしたいと提案がありました。支援者への障がいの開示は同意したので，福祉人材センターに就労スペシャリスト同伴で相談に行きました。相談の結果，福祉人材センターの実習制度を利用し，某デイサービスセンターにて実習を行うことが決定しました。病気の開示について，そのメリット，デメリットを再度一緒に検討したところ，最終的に職場の管理者だけに開示することになりました。ただし，病気のことだけ伝え，支援を受けていることは開示しないことを希望したため，実習先との直接の連携は福祉人材センターが行い，就労スペシャリストは本人や福祉人材センターと情報共有を行いました。実習を行うことで，自分にとって適切な就労時間や仕事量を本人自ら確認することができました。就労意欲も高まり，実習終了時，直ちに求人応募へ申し込みたいと希望しました。

【まとめ】本ケースは，長期仕事から離れ，もう一度働いて人の役に立ちたいという思いはあるものの，生かしたい資格は専門性が高く，就労に慎重になっていました。就労スペシャリストは，自分の技量に自信を持てない本人の気持ちを受け止め，せかすことなく就労に関する情報の提供から支援を開始していましたが，本人の方から，「資格の学びなおしのための研修に参加したい」と思いがけない提案がありました。実はキャリアアップのための教育や技術の取得もIPSプログラムの重要な支援対象であり，そのことは「サービス：個別就労継続支援」の項で詳細に解説されています。実習制度を扱っている機関と連携し実習を行ったことで，本ケースは，最新の知識や技術を学び直すだけでなく，再就職に向けた不安を払拭し，就労へ向けて大きく前向きになることができました。さらには，自分の現在の体力に合った仕事量を適正に評価できるきっかけにもなりました。

【当事者の声】「（就職を）あまり焦らない方がいいと思った」「実習や研修に参加し，仕事の理解が進んだ。コミュニケーションの大切さがわかった」「就職した後もフォローしてくれるので安心」

IPS 就労支援
プログラム導入ガイド

翻訳本文

第１章
導入計画

適切な導入時期を決定する

理論と科学的根拠に基づいたIPSプログラムを導入する最初のステップは，IPS導入チームを作ることです。チームには，あなたの組織の中で決定権を持つ人物を加えます。例えば組織の理事，会計主任，あるいは品質管理主任，臨床主任などが考えられます。そのチームの最初の目標は，このエビデンスに基づいたプログラムをその機関において立ち上げるのに今が適切な時であるかを議論し評価することです。IPSの導入にあたっては，その団体のトップから精神保健のサービスを提供しているチームのスーパーバイザーに至るまで，導入作業が開始していることが周知されなければいけません。もしその団体がすでに複数の新しい取り組みを立ち上げている最中であれば，場合によってはIPSの導入を次年度に延期することもあるでしょう。IPS立ち上げチームは，IPSを立ち上げることで，団体内の既存の構造を今年度あるいは今後２年間の間に変更，変革する必要があるかどうか，あるいはそれが可能かどうか，協議しなければいけないでしょう。例えば就労スペシャリストを交えた週1回のチームミーティングを企画するような構造を立ち上げる必要があるかなどを検討します（「組織：頻回にチームメンバーと接触し，精神保健支援チームと連携したリハビリテーションを実践する」の項を参照）。

IPSを始めるにあたってリーダーたちが臨む最初のステップは以下の3つです。

1つ目としてIPSについて学ぶこと。2つ目は経済的基盤を得るための支援組織あるいは財源を調査すること。3つ目として公的機関である就労リハビリテーション局のリーダーとパートナーシップを形成することです。以下にこれら3ステップについて具体的に説明します。

1）IPSについて学ぶ

IPS導入チームは良好なIPSの導入のために，その団体内でどのような調整，変革が必要か明らかにする必要があります。例えばもしその団体がすでに就労プログラムを有している場合（例えば作業所のようなもの），IPSスタッフがどのようにすればこのような段階的就労訓練アプローチを使うことなく，あるいは回避して一般就労支援を行いやすくするかを考えなければならないでしょう。例えばIPSを介した一般就労を始める前に，作業所で取り組んでいる作業の内容をより仕事に直結するスキルを用いたものにアレンジしてみるというのも一つの方法として考えられるでしょう。そのような挑戦をすることによって，たとえ作業所活動がIPSプログラムとは切り離されたものであったとしてもIPSの導入に十分な正の影響を与えると思われます。精神保健サービスを提供している部門と就労支援を提供している部門の機能的な統合は，IPSを導入しようとしている団体にとって必要な組織改編です。

その他，組織内で議論されるべき課題は，地域に根ざしたサービスをどう実現するかということです。就労スペシャリストは頻回にクライアントの雇用申し込みの援助をするので，彼らを新しい職場に直接連れて行くこともあるでしょう。そうすると必然的に就労スペシャリストは地域で多く活動するわけですから，それに伴って様々な懸案が出てきます。例えば就労スペシャリストはこういう時に彼らの車を使うのでしょうか？　あるいはもしそうだとすれば追加の保険が必要になるでしょうか？　このようなことも議論する必要が出てくるでしょう。

IPS に関する基本情報源を以下にまとめておきます。

ダートマス精神医学研究所のウェブサイトアドレスは www.dartmouthips.org です。そこで About IPS のプログラムの項目を選択してください。あるいは IPS Leadership Training under Training and Consultation の項目もご参照ください。他にはオックスフォード大学出版から出版されている Drake，Bond，Becker 等の執筆による IPS に関する本があります。これは http://global.oup.com. で購入することができます。また，『IPS Supported Employment : A Practitioner's Guide』が Swanson と Becker の執筆によって 2013 年に発行されています。これは www.dartmouthips.org にアクセスすることで購入できます。

IPS と他の就労アプローチがどのように違うかをまとめたリストを以下に示します。

IPS 就労支援	従来の就労プログラム
IPS は研究結果に基づいて厳密にデザインされた介入法である。他の就労支援よりも 2 から 3 倍就労率を向上させる。	各施設のスタッフが何を重要視するかという個々の価値判断に基づきデザインされている。しばしば，研究結果に基づいてはデザインされておらず，段階的訓練支援を行う。
就労支援スタッフと精神医療スタッフが協同して支援する。就労スペシャリストは一般的には精神保健センター注1で雇用されるか，精神医療施設の近くにオフィスを構える。両スタッフは週 1 回ミーティングを行い，常時連絡を取り合う。	多くの場合，就労サービスは精神保健センターとの直接の連携はなく，精神治療スタッフと定期的な意見交換は行われていない。

就労に興味のある者は誰でも即座にIPSサービスを受けることができる。薬物依存，症状の程度，入院歴，触法歴，選択している治療内容，その他の要因で支援から除外されることはない。	多くの従来型の支援は，就労準備ができているかアセスメントを行い，支援を受けるための条件を設けている。例えば，依存治療への参加（薬物依存症のある人の場合），就労前訓練を成功したこと，精神科治療の遵守などである。
クライアントは就労による収入で国から受ける保障（障害保障）がどのような影響を受けるか十分な情報を与えられる。クライアントには，十分なトレーニングを積み，あらゆる関連情報を提供できる保障プランナー注2を紹介される。	就労支援プログラムによって，保障に関する情報提供は一般的な限られたものから，総合的な詳しいものまでまちまちである。
一般就労をゴールとする。一般就労の定義は，障がいの有無にかかわらず誰でも申し込める継続雇用である。フルタイム，パートタイムどちらも含み，就労期間は就労支援プログラムによって限定されるものではなく，クライアントの選択と雇用者の必要性によってのみ決定される。クライアントは同じ業務を行っている同僚と同じ給料を受け取る。	就労支援の中には一般就労を目標としているものがある。ある支援は，障がい者向けの仕事を提供するよう調整するものもある。支援によっては，障がい者向けの作業場を設立し，そこでの就労を支援するものもある。
IPSに参加すれば，直ちに職探しを始める。クライアントは，就労評価，グループ教育など就労前の準備，訓練活動に参加する必要はない。	就労支援プログラムの中には，クライアントに就労前評価や準備訓練を，職探しの前に修了することを要求するものもある。
就労スペシャリストは雇用主を数回にわたり訪問し，関係を構築する。訪問により，各職場の詳細な情報を集める。	プログラムによっては，スタッフがインターネットなどを利用した情報集めや，雇用主に求人があるか問い合わせるなどして，職探しや就労申し込みを援助することがある。
職種，職場環境，スケジュール，職場の位置，就労支援の内容などは，すべてクライアントの意向を尊重する。	どの程度クライアントの意向が尊重されるかは，プログラムによってばらつきがある。
平均的には直接的なIPS支援は1年程度である。就労が十分継続でき，IPS支援を必要としなくなった時は，精神科治療スタッフがその後の支援を行う。	就労支援は期限付きのことがある。例えば90日までなど。
就労支援は個別対応で行う。支援の形，濃度，支援場所はクライアントの希望と好みで決定される。	従来の就労支援プログラムの支援形態は多くの場合限定されたものとなる。

就労スペシャリストは少なくとも65%の時間は地域で費やす（例えば，職場での雇用主との面談，コーヒーショップ，図書館，自宅におけるクライアントとの面談など）	クライアントはたいてい就労支援スタッフとプログラムのオフィスで面接する。

2）財源を調査する

IPSの財政的支援の仕方は州あるいは国によって違います。米国ではIPSプログラムの財政支援はその州の就労リハビリテーション局[注3]からの資金，医療保険制度からの支援，そしてその他の精神保健機関からの支援を組み合わせることで成り立っています。単一財源からIPS活動をすべて支援すること，あるいは就労を希望している人すべてを対象に財政支援するのは非常に稀なことです。IPSサービスが財源的にどのように支援されているか，あるいは支援されるのかということを図式化するためのテンプレート（「IPSサービス財源調査表」の項）が巻末に用意してあります。

就労リハビリテーション局とIPSプログラムは協働しますが，その

注1　精神障がい者の脱施設化と地域移行支援を目的に，地域精神保健センター法（1963年）によってアメリカの各州に設置された州立精神保健機関。外来，緊急時対応，グループホーム，地域生活支援，就労支援，教育など多機能サービスを，包括的に提供している。「米国におけるIPSの実践」の項を参照。

注2　障がいをもつ人たちに対して，社会保障に関連する給付金，メディケイド，メディケア，フードスタンプ（SNAP）等を含む公的および民間からの手当やプログラムに関する最新で正確な情報を提供する。その中から，どの手当やプログラムを利用する資格があるかどうかを見極め，それらの手当を受けるための手続きの援助を行う。

注3　リハビリテーション法により規定された州の指定機関で職業リハビリテーションサービス全般を提供している。精神障がいのみならず，すべての障がいを支援対象としている。就労を目指す障がい者に，適正評価，訓練，職場見学，職業斡旋等のサービスを提供する。サービスはクライアントが継続して就労できることを示した時点で終了する。米国ではIPSと最も密に連携する機関であり，IPSの運用予算を計上する。業務内容は日本の障害者就業・生活支援センターや障害者職業センターと類似している。詳細は「米国におけるIPSの実践」の項を参照。

仕方は州によって様々です。ほとんどの州ではこの協力体制はコミュニティーリハビリテーションプログラム（CRP）という支援体制を形成することで行われます。CRPは時にはサービスプロバイダーという呼ばれ方もします。このようにIPSと就労リハビリテーション局の協働組織を立ち上げることで，IPS提供者は就労リハビリテーション局から一定の予算を得ることができ，それはIPSサービスを利用しているクライアントにとっては非常に大きな一歩にもなるでしょう。また予算支援を得ることによって，就労リハビリテーション局とIPSの提供機関との間で何人の精神障がい者の職場復帰と就労継続を支援するかという契約を結ぶことができるのです。CRPになるためには一定の条件を満たした上で，州からの認定を得る必要があります。あなたの州の就労リハビリテーション局に電話をし，どのような項目を満たせば，あなたの団体がCRPになれるか確認してみてください[注4]。同時にあなたの地区の就労リハビリテーション局のスーパーバイザーにあなたの団体がCRPに非常に興味を持っていると相談するのもよいでしょう。

IPS導入のための財源を確保するための交渉では精神障がい者の一般就労に特化した支援を実践する強い意思をアピールする必要があります。IPSと就労リハビリテーション局のサービスの両方にアクセスできる人は，一方にしかアクセスできない人と比べると就労実現の可能性が高くなるという研究結果があることを伝えましょう。

州によっては精神保健行政に予算を分配する時にIPSを除外することもあります。それらの州では，医療保険部門と協力し，治療と就労支援の相互関係に着目し，医療保険の枠内でIPSに間接的な資金，支援を求める形をとる州もあります。そのような州では，資金を獲得するために就労スペシャリストはどのような医療的介入が就労に必要かという，医療と就労の関連性を見極める技能をトレーニングされている必要

注4　「米国におけるIPSの実践」の項を参照。

があり，その関連性を文書として提示できる能力を有している必要があります。あなたの州の精神保健課に連絡を取って，就労支援という枠組みの中でどのような活動であれば経済的支援が得られるか，確認してみてください。

3）就労リハビリテーション局リーダーとの協働

就労リハビリテーション局はIPSに参加するクライアントをたくさん抱え，IPSプログラムが行う支援一般を援助してくれますが，それ以外の特別なサービスも提供してくれます。IPSダートマス学習コミュニティー[注5]という取り組みでは，就労リハビリテーションカウンセラーはIPSスタッフと協力して就労に必要な資源，支援あるいは専門的な知識を共有する活動も行っています。就労リハビリテーション局のスーパーバイザー[注6]やカウンセラーは就労を支援するために必要な十分なトレーニングと経験を有しています。

就労継続支援のために各支援スタッフが資源と専門知識を駆使します。

就労リハビリテーション局スーパーバイザーをIPS導入初期に巻き込むことはとても重要なことです。就労リハビリテーション局のサービスを遂行するにあたって守らなければならない国の法律とIPS活動の関連性，整合性について局のスーパーバイザーからアドバイスを得る必要があるからです。IPS導入チームはIPSについて学び始めた時にその

注5　2001年からIPSに関する情報交換と学習の場として設立された。その定期的学習会（年1回）は，当初は米国の実践者の集まりであったが，近年は海外の実践者も参加できるようになっている。そこでは，専門家からのスーパービジョンを受けたり，就労リハビリテーション局との連携，ACTとの連携など，具体的テーマについてグループワークや意見交換も行う。本会員には，フィデリティ調査の仕方やその他のIPS業務に関する懸案に対して個別に，適宜アドバイスが提供される。

注6　「米国におけるIPSの実践」の項を参照。

地域の就労リハビリテーション局スーパーバイザーをそのミーティングに招待するのがよいでしょう。そして一緒にIPSについて学ぶことが好ましいです。そのミーティングではIPSアプローチに注目した学習が行われるでしょうし，時にはIPSチーム，精神科支援スタッフ，就労リハビリテーション局カウンセラーの協働作業をどのように進めるかという学習にも時間を割くことができるでしょう。

就労リハビリテーション局カウンセラーにとってIPSチームとパートナーシップを結ぶ利点には，以下の4項目が挙げられます。

- より高い確率で精神障がい者の一般就労が実現できる（IPSはエビデンスに基づいて行われる実践であるから）
- 治療を提供するスタッフと就労リハビリテーション局カウンセラーが直接意見交換する機会が増える（「IPSプログラム導入プラン」の項を参照）
- 重篤な精神障がいを持つ人へよりきめ細かいサービスが提供できる。IPSの就労スペシャリストはだいたい1人で20人，あるいはそれ以下のケースを担当する。IPS就労スペシャリストがケースを担当することでクライアントは支援スタッフに頻回に会うことができ，それによって素早い援助を提供することができる。また，場合によっては将来の雇用主になる人に毎週のように会うこともでき，新しく仕事に就いた障がい者にきめ細かい頻回のサポートも提供することができる。このようにIPSのスタッフと協働することで，よりきめ細かいサービスの提供ができる
- 低コストで就労サービスができる。IPSは基本的にはクライアントの就労能力評価は事前に行わないし，重度の精神障がい者の就労にとって役には立たないことが証明されている非常にコストのかかる就労前サービスを用いないので，就労支援にかかるコストを抑えることができる

精神保健あるいはIPSを提供しているチームが就労リハビリテーション局カウンセラーとパートナーシップを結ぶ利点には，以下の５項目が挙げられます。

・就労リハビリテーション局カウンセラーはその地区の多種多様な職業，雇用者に関して多くの情報を持っている
・就労リハビリテーション局カウンセラーは精神疾患以外の様々な障がい，たとえば慢性疾患や身体障がいを有する人の支援に関しても知識を有している。時に精神がい者の中には，他の障がいを合併している場合もあり，そういったケースにも対応できる
・就労リハビリテーション局カウンセラーは家族ミーティングを活発にする技能，経験を有している。就労スペシャリストと家族を結びつける上で重要な役割をすることがある
・状況によっては，就労リハビリテーション局カウンセラーはより実践的なアドバイスをすることができる。例えば仕事場に向いた服の選び方，仕事に必要な道具や器材に関するアドバイス，通勤コストの試算など細かい助言をすることができる
・就労リハビリテーション局カウンセラーはIPSを利用しているクライアントと協力してクライアントの職業経験，就労歴など各種情報をまとめ，提供することができる

IPS 導入の合意を確立する

1）IPS 実行委員会の設立

実行委員会の設立には，決定権を有する人物を幅広い領域から選ぶようにしてください。この委員会はIPS導入のコンセンサスを確立することを助けると同時に，導入のプランを立て進捗状況を評価し，プログラムが安定継続されるように支援する役割も担います。IPS実行委員会のメンバーとして以下の者を含めるのが好ましいでしょう。

・まずその機関の理事あるいは施設長に匹敵する者。もし精神保健を提供する機関と就労支援を提供する機関が異なる場合で，この2機関が今後協働してIPSサービスを提供するということであれば，それぞれの機関から代表者を数人選ぶべき
・IPS支援の質を保証，担保するマネージャー
・クライアントの家族
・クライアントか，または患者支援団体の代表者
・すでに任命していればIPSスーパーバイザー
・その地区の就労リハビリテーション局スーパーバイザーと担当者
・臨床部の長
・精神保健部門のスーパーバイザー
・その地区の雇用主

IPS実行委員会は導入時には，年に4回程度召集されます。そしてプログラムが軌道に乗り，高いフィデリティ評価基準を維持できるようになっても，少なくとも年に2回は召集されます。例えばその機関のIPS導入チームのような，より小さい実働グループはもっと委員会以外に頻回にミーティングを招集し，その進捗状況を細かく評価検討するでしょ

う。

IPS 運営委員会のメンバーはプログラムの導入，質の向上，サービスの継続性を担保するよう指導します。

この実行委員会の最初の目標は委員会メンバー全員がIPSについて学ぶことです。教育の資料として，例えばパンフレットやビデオが利用できますが，それらはwww.dartmouthips.orgのWEBサイトで閲覧できます。そこでAbout IPSを選択してください。IPSの基本を学習した後に，委員会のメンバーはIPSフィディリティ評価尺度やこのマニュアルを見て，組織内のどの領域を調整，改編する必要があるかを決定していきます。実行委員会はIPS導入にあたって地域の行政，治療形態，支援事業の中で影響が生じうる分野があるかを検討します。例えば，もし精神科診療を提供している場所ですべての患者に就労に対して興味があるかルーチン的に聞くことをしていなければ，委員会メンバーはその導入を提言します。委員会は他の雇用サービスへの影響についても議論し，もしそれらとIPSの基本的考え方に相違があれば，それも検討課題として取り上げます。この場合，IPS導入チームにまず導入プランのたたき台を作成させ，委員会メンバーがそれを評価します。もし変更の必要があればプランは修正されます。このたたき台のサンプルが本書巻末に「IPSプログラム導入プラン」として添付されています。

時間をかけて会合を繰り返す中で，IPS実行委員会のメンバーは導入方法の改善に役立つ助言を与え，高度なフィデリティを維持できるようアドバイスを提供するでしょう。委員会のメンバーはフィデリティレポートを見て評価し，時にはそのレポートの中にある特定の項目について着目し助言を与え，問題解決に向けて文書でフィデリティアクションプランを作成するよう促すこともあります。委員会は雇用の結果をモニターし，IPSを提供している人々の雇用率を上げるための戦略を話し合います。委員会メンバーはまたプログラムの継続性に関連する問題についても話し合います。例えば，どのように経済的支援を得るか，どのようにプログラムを拡張していくかなどを話し合います。もっと詳しいIPS実行委員会の情報を知りたいのであればwww.dartmouthips.orgのWEBサイトにアクセスし，そこでProgramsを選び，続いてProgram Implementation Fidelityを選択してください。

IPSスーパーバーザーやIPSを行っている機関のリーダーは，細心の注意を払いIPS実行委員会会議に向けて資料を準備する必要があります。そうすれば委員会メンバーはその会議が明確な目標を持った建設的なものであると感じるでしょう。委員会ではIPSプログラムの効果，改善された領域等を共有します（本書巻末にある「IPSプログラム年間実績報告書」を参照）。ミーティングでは委員会メンバーは現場で持ち上がっている特定の問題についても話し合います。

IPS導入のコンセンサスを醸成する効果的な戦略は，就労している人が自らの経験を治療者，支援組織のスタッフ，その他の運営決定権を持つ人に伝えることです。

就労支援を行っている認定専門カウンセラーのKendra Dubyは以下のように述べています。

「我々の実行委員会の議題は常に成功例を含むようにしています。就労スペシャリストは委員会に実際働いている人，その人の家族またその人の雇用主を招くことがあります。そして彼らの経験について話していただくこともあります。また私たちはスライドショーを用意し，それを上映することで，本当に働いている人の写真や仕事の様子をお見せすることもします。委員会メンバーと働いている人を繋げることはとても強いインパクトを与えることができます。私たちはまた経済的支援やサービスの継続性についてもミーティングで討論します。私は委員会メンバーに経済的支援の問題について気づいていただけることを望んでいます。そうすれば彼らがその問題を彼らと関係のある他の人に伝え，それによって新たな情報を得ることができるからです」

2）IPS 開設式の計画

コンセンサスを確立する最も一般的な取り組みの一つは，IPS の開設行事を積極的に行うことです。この催しによって IPS を行うという情報が広く伝わります。そして新しい取り組みについてスタッフのやる気と高揚感をもたらすことができるでしょう。IPS 実行委員会のメンバーは開設式の開催を手助けします。そして以下のような人々を招待します。例えば精神医療を提供している人々，就労支援チーム，クライアント，その家族，支援団体，地域の雇用主，その機関の主要管理メンバー，地域のメディアなどです。開設式は一般的には 2 時間程度です。

開設式の効果を高めるため，IPS 導入に際して決定権を持つ多くの人物を招待するようにしましょう。最初の発表者は，働くことは常に人生に感動を与えてくれるという当たり前の事実を参加者と確認するよう語りかけます。開設式前にすでに IPS のサービスを始めているものの，まだ就職者がない状況であれば，その精神科治療機関でフォローしている人の中ですでに持続的に働いている人がいれば，その中の 1 人になぜその人は働くことを選んだのかということを話してもらってください。開設式は施設のリーダーがこの新しい取り組みを成功させることは非常に意義あることだと強調するよい機会となります。IPS スーパーバイザーと就労リハビリテーション局カウンセラーは，このイベントを IPS の原理を説明する機会として活用すればよいでしょう。開設式の終わりには参加メンバーが互いに交流を深め，就労について学ぶ楽しい時間を共有できるよう設定してください。一つの方法例としては，参加者を例えば 8 グループに分けて，各グループに IPS の原理から一つを選んで課題として与えてみてください。各グループで参加者に与えられた IPS の原理について話し合い，その原理と今実際彼らが施設で行っている訓練との違い，関連性について話し合ってもらってください。そして最後にIPSのアプローチ法を遵守するために推奨されることは何か，3つずつ各グループから挙げてもらうのもよい方法でしょう。

以下にIPS開設式の式次第の一例を提示します。

〈IPS開設式〉式次第

Ⅰ．その施設の長がなぜIPSが必要で，なぜそれがその施設の方針に適合しているかを説明する　15分

Ⅱ．就労リハビリテーション局スーパーバイザーがIPSプログラムと協同する意義について説明する　15分

Ⅲ．1人の働いている当事者がどのように就労に復帰できたか，経験談を語る　10分

Ⅳ．IPS研究の概略を説明する　5分

Ⅴ．IPS原理の紹介：除外ゼロ基準について（IPSに参加できるかどうかはすべてそのクライアントの選択に依存するということ）　5分

Ⅵ．グループ討論：ここでは参加者一人ひとりに，その人が人生のどの時期でも構わないが，自分が非常に高いリスクを取ったと思える出来事について，配られた紙にメモしてもらう。そしてファシリテーターは参加者にその紙を閉じた上で，もしそのリスクを取らなかったら自分の人生はどのように変わっていっただろうとイメージしてもらう。そしてファシリテーターは1人か2人の人を選んでその人たちにどんなリスクを取ったか，そしてもし取らなかったらどうなったかについて語ってもらう。そのあとメンバーと共にリスクを取ることの意義について討論する　20分

Ⅶ．IPS原理の説明：就労支援と精神医療の統合の必要性，保障を含めた個別支援プランの作成，速やかに職探しに取り組む，そしてクライアントの好みや特性を最重要視するなどの項目について説明を加える　20分

Ⅷ．グループ討論：参加者は2人1組になって10分間彼らの人生最初の仕事について語り合う。そしてファシリテーターが2，3人の参

加者に彼らの経験について語ってもらうよう依頼する。そしてファシリテーターが参加者に彼らの最初の仕事がまだ好きか考えるよう促す。そして最後にファシリテーターがクライアントの好み，何がしたいかという気持ちを最大限に尊重することがいかに大切かということを話す　20分

Ⅸ. IPS原理の紹介：雇用者との関係構築の重要性，個別就労支援の重要性　10分

Ⅹ. もう1人働いている当事者になぜその人が仕事のある生活に戻るに至ったかという話をしてもらう　10分

Ⅺ. 参加者は飲み物やスナックを取りながら自由に話し合う場に招待されて会を終了する

導入計画書の作成

導入計画書を作成することで，参加メンバーすべてが自分の果たす役割を明らかにすることができます。また，導入に至るまでのステップに優先順位を付けることで，IPS導入チームの活動を活発化することができます（前章参照）。

文書による計画作成は導入の進捗を確実にします。

IPS導入チームが導入計画の下書きを作成しますが，実行委員会がそれを審査し，必要な助言や意見を提供します。IPS導入計画書は，「IPSプログラム導入プラン」の項に示してあります。委員会で審査される計画書に含まれる重要項目として以下のものが掲げられます。就労リハビリテーション局カウンセラーとIPS就労スペシャリストとの協働計画，IPSスタッフの雇用，スタッフの教育，フィデリティ調査の方法などが含まれます。

1）IPSスタッフと就労リハビリテーション局カウンセラーの協力体制に関する計画・立案

IPSのいくつかの特徴は，導入初期には就労リハビリテーション局カウンセラーにとって理解しにくいことがあります。薬物依存の問題を抱えている人を一般就労させるという発想は就労リハビリテーション局カウンセラーにとって，また同様に多くの精神医療に携わる医療従事者にとっても全く新しい発想です。また，希望があれば直ちに仕事を探すというIPSの取り組みも導入初期においては，就労リハビリテーション局カウンセラーにとって受け入れにくい点です。IPS就労スペシャリストや職場開拓スタッフは，就労リハビリテーション局カウンセラーが通常の「雇用プラン」を作成する以前に仕事を見つけ，就職させてしまうことがあるのです。就労リハビリテーション局カウンセラー，IPS 就労スペシャリスト，精神医療従事者の間で信頼関係のある密接な協力体制を確立することは，上記のような葛藤が生じた際に，その解決策を見出すうえで非常に重要になります。就労リハビリテーション局と IPS に関する情報は，ウェブサイト www.dartmouthips.org の vocational rehabilitation の項目にあります。参照ください。

IPS チームのメンバーは少なくとも月に 1 回は就労リハビリテーション局カウンセラーと会合を開催し，どちらの支援も受けているクライアントの就労支援をどのように行うかを検討します。この協力体制をより円滑に進めるために，就労リハビリテーション局スーパーバイザーは，しばしば 1 名か 2 名の特定の就労リハビリテーション局カウンセラーを指名し，IPS から届くクライアントの情報提供書のすべて，あるいはほとんどに目を通すことができるように労務環境を調整します。

就労リハビリテーション局との強力な協働を実現するには，1 〜 2 名のリハビリテーション局カウンセラーが，すべて，あるいはほとんどの IPS 導入紹介状に目を通せる体制を作ることです。

協力体制をより強化するアプローチとして就労リハビリテーション局カウンセラー 1 名あるいは複数名が，業務として月 1 回は精神保健支援チームのミーティングに参加するよう義務付けることが望まれます。これによって，すべての支援スタッフが情報や考えを共有することができます。また，就労リハビリテーション局カウンセラーが精神医療従事者に対して就労リハビリテーションについて教育し，各クライアントがどうして異なるサービスを受けているのか説明する機会を得ることになります。逆に，この会合によって精神医療従事者は，彼らの持っている精神疾患，あるいは新しい治療方法に関する情報を他のスタッフへ伝えることもできます。

協働作業を円滑に進めるもう一つの方法は，就労リハビリテーション局カウンセラーのためのスペースをIPSの実施機関の中に設けることです。就労リハビリテーション局カウンセラーは多くのケースを1人で抱え，時には180ケースになることもあります。そのため，精神保健機関で長い時間を費やすことはできないかもしれませんが，与えられたオフィススペースを月に2日か3日は使うことができるでしょう。就労リハビリテーション局カウンセラーは，彼らが精神保健機関内にオフィスを持つことで，精神保健機関のスタッフと緊密な関係になります。そうするとクライアントがそろそろ受診することを事前に精神医療機関に知らせることもできます。精神保健機関の支援チームやIPSの就労スペシャリストもこの体制を大抵歓迎します。彼らは同じ施設内のデスクに来ている就労リハビリテーション局カウンセラーに質問したり，新しいクライアントの紹介をしたりできるからです。

協力体制を強化する最後の戦略は，就労リハビリテーション局カウンセラーを月1回のIPSミーティングに招待することです。招待されたカウンセラーはIPSメンバーと同等に扱われ，ブレインストーミング法[注7]を用いた問題解決技法を学び，シェアードデシションメイキング法[注8]を用いたアプローチを一緒に考えます。ミーティングに参加するカウンセラーは，今後就労リハビリテーション局に紹介されることになる人の情報を事前に聞くこともできます。

2）IPSスーパーバイザーを雇用すること

これはIPSを成功させるために大変重要なことです。団体の人事部

注7　集団で効率よく意見を出し合い，「アイデアの連鎖反応」や「発想の誘発」を期待するカンファレンス方法の一つ。発言の質より量を求め，他の参加者の意見に便乗して新たな意見を作り出す方法。

注8　共同意思決定（shared decision making：SDM）と呼ばれる。支援者が対象者に支援の目的や内容を説明して，同意を得てその支援を行う。「インフォームドコンセント」とは違い，支援者と対象者が共同で支援の目的や内容を決定していく過程のこと。

は精神保健機関内の支援チームのスーパーバイザーに，兼務としてIPS部門のスーパービジョン業務を割り振ることがあります。この方法はうまくいくこともありますが，多くのケースを扱う団体のリーダーは，IPSプログラムはスーパービジョンに想定以上の知識と時間を要することに早晩直面させられます。例えば，IPSスーパーバイザーは十分な時間を取り，雇用者との関係をどのように構築するかIPSスタッフとともに行動して直接教えなければならないことがあります。

IPSスーパーバイザーが機能することはIPS成功の鍵です。

IPSプログラムでは，ケースの状況が激しく変化することがあり，その都度スーパーバイザーはスタッフとともに動く必要があります。さらに，IPSスーパーバイザーは少人数のケースを自分自身でも持つことが多く，そうすることで，現場の状況をいつも学ぶことができ，最新の雇用マーケットの情報から取り残されないようにします。IPSスーパーバイザーは，就労リハビリテーション局内の変革について最新情報を常に知っておかなければなりません。就労リハビリテーション局カウンセラーやそのスーパーバイザーと協働活動を行うこともしばしばあります。

IPSスーパーバイザーの立場に適する人物は，「誰でも働くことができる」と強く信じ，「働くことが人々にとって有益である」と信じている人物でなければいけません。IPSスーパーバイザーとして適した人物は，常に創造性を持ってチャレンジに臨める人，継続性のある人，楽観性を失わない人物です。そして，雇用主にとって何が必要であるかを理解できる人物，雇用主を含めた人々と建設的な関係を築ける人でなければいけません。IPSスーパーバイザーは，臨床サービスの経験のある人であればより好ましいです（例えば，ケースマネージャー[注9]の経験がある人）。特にIPSチームの中に精神保健の経験を持つ人間がいない場合は，とてもその知識が役に立ちます。最後に，IPSスーパーバイザーにふさわしいと言える人は，よりよい結果を生み出すために勇気をもって計画を効果的に変更・修正できる人物です。IPS スーパーバイザーのすべき仕事をまとめたものが「組織：IPS 就労支援スーパーバイザーの役割」の項に掲載されています。

3）IPS 就労スペシャリストを雇用すること

IPS プログラムを立ち上げるとき，ある団体では人事課が他の部署で働いていた人を IPS 部門に人事異動させるという方法を取ることがありますが，必ずしもすべての人が地域で働き，雇用主との関係を構築することを楽しむとは限りません。それよりも，まず IPS 就労スペシャリストになりたいと考えている人物一人ひとりを注意深く評価し，その人物にスペシャリストになった際に与えられる業務内容がマッチしているかどうか検討する必要があります。そのためにも各希望者に面接する必要があります。

どんな背景を持った人からでも，就労スペシャリストに向いた人物を見つけることはできます。就労スペシャリストとして最も大切なことはその人物が良好なパーソナリティを持っているかということです。IPS スーパーバイザーと同様に，就労スペシャリストは希望を絶やさないポジティブな性格の持ち主でなければなりません。彼らは雇用者やクライアントと建設的に，また礼節を保った会話ができなければなりません。例えば，ある IPS スーパーバイザーは外交的で話し上手な就労スペシャリストを雇用すべきだと信じていることもありますが，それは唯一その人物が同時に素晴らしい聞き手であるときに有効となります。就労スペシャリストはチームワークを保てる人物でないといけません。というのも彼らは精神保健機関のメンバーや IPS チームのメンバーともなるし，就労リハビリテーション局カウンセラーとの協働もしなければなら

注9　この業務は日本のそれとは大きく異なる。生活全般の支援を行い，本邦のヘルパーと精神科訪問看護を合わせたような業務を遂行する。詳細については，「米国における IPS の実践」の項を参照。

ないからです。就労スペシャリストの仕事内容を列記したサンプルは「IPS 就労スペシャリストの業務」の項に掲載されています。就労スペシャリストの雇用に際して，採用面接時の質問例は www.dartmouthips.org にアクセスし，Program，次いで Supervision を選択することで閲覧することができます。

就労リハビリテーション局カウンセラーは IPS で働きたいと思っている人を知っているかもしれません。就労リハビリテーション局カウンセラーは今後就労スペシャリストとして採用される候補者の面接評価に助言を与えてくれるでしょう。というのも彼らは雇用率を実現するために将来新規雇用されたスペシャリストと共に働いていくメンバーとなるので，人物評価についてはしっかりした見解を持っていることがあるからです。

良質な就労スペシャリストを見つけ出す他の方法として，精神疾患の経験を持つ人を求人広告を出して求めるという方法もあります。例えば，雇用広告を顧客専用センターや米国全国家族会へ提示するという方法も考えられます。雇用に際しては，その人物が十分に仕事をこなすことが選択基準となりますが，同時にその人物がその人個人の経験を通じて仕事に復帰することがいかに素晴らしいかということをクライアントに伝え，励ますことができることも人選の上で重要です。ですから，この場合精神疾患を有しているということは雇用条件の一つの特典とも捉えることができるのです。

最後に，IPS のメンバーとして就労スペシャリストを雇用する時には，その人物の持っている文化や背景も考慮する必要があります[注10]。その人物が少なくとも就労支援する地域の文化・風土を熟知している人物であり，最も多く使用されている言語に精通していることも条件にな

注10　様々な民族や人種が共存している米国では，このような配慮は特別必要となる。また貧困地区や農村部，マイノリティーグループなどにも独自の価値観が存在する。

るでしょう。場合によっては，求人広告を移民プログラムに英語以外でシンプルに提示することが役立つこともあるでしょう。

4）精神保健と就労サービスの統合

IPS はチームアプローチを基盤とした活動です。就労スペシャリスト，そして精神保健に従事する人は，それぞれの視点でクライアントの就労を支援します。例えば，就労スペシャリストはクライアントが雇用申し込みをすることを手助けし，精神保健機関のケースマネージャーは雇用に必要な身分証の取得を助けるでしょう。各支援スタッフは，クライアントの就労が実現できるよう，各自が得た知識や情報を共有するよう努めます。

精神科治療スタッフと就労スペシャリストはストレングスに視点をおいたケースミーティングを週１回行います。

就労スペシャリストは１～２の精神保健機関の支援チームに属することが一般的です。精神保健支援チームは，ケースマネージャー，ピアサポーター，相談員，心理士，看護師，居宅支援員，就労スペシャリスト，精神保健支援チームスーパーバイザー，精神科医か精神科ナースプラクティショナーなどのスタッフから構成されます。理想的なチームのサイズは６～７人です。ミーティングは週に１度行われ，その際，主に議論される内容は支援のあり方や，支援されるクライアントについてであり，事務的な内容についてそこでは議論しません。

チームは精神保健支援に関して協議しますが，他にも居宅支援のゴール，あるいは雇用に関してクライアント個人のゴールについても協議します。誰もがチームミーティングに参加しなければいけません。そこで，就労リハビリテーション局カウンセラーはその人の興味にマッチした仕事は何か助言をするでしょうし，他の成功事例の情報提供もするでしょう。

就労スペシャリストは精神保健支援チームのミーティングに毎週参加し，就労ユニットの会議にも参加します。協力している精神保健支援チームとオフィスを共有するか，ごくごく近くにオフィスを構えるようにします。そうすることで精神保健従事者と会議と会議の合間などに簡単に議論を交わすことができます。

5）IPS トレーニングのための資源

いくつかの州や地域ではIPSトレーナーが配置され，技術的な指導・支援をすることができます。しかし，場所によってはIPSプログラムのリーダーはトレーニングを受ける資源を開拓する必要があります。以下に有用な資源を一部紹介します。

・IPS 実践者のためのダートマスオンラインコース

年に3回開催され，就労スペシャリストやスーパーバイザーの参加が望まれるコースである。詳細についてはwww.dartmouthips.orgにアクセスし，そこでtraining and consultationを選択し，online courseを選択する。

・IPS スーパーバイザーのためのオンラインコース

年2回提供され，主としてIPSプログラムを成功に導くマネジメントを学ぶことに焦点を当てている。詳細についてはwww.dartmouthips.orgにアクセスし，そこでtraining and consultationを選択し，online courseを選択する。

・IPS リーダーシップのためのトレーニング

この2日半のIPSのリーダーシップのためのトレーニングコースは，ニューハンプシャーにおいてダートマス精神医学研究所主催で大体20人を対象にして開催される。それは，人と人の交流を非常に重要視したミーティングであり，参加者はIPSを彼らの地域で導入する，あるいは定着させるうえで発生してくる諸問題について活発に議論をする。そのトレーニングはIPSプログラムのリーダーあるいはIPSトレーナー，州の精神保健のリーダー，就労リハビリテーション局のリーダーなどを対象にしたものである。詳細については，www.dartmouthips.org にアクセスし，そこで training and consultation を選択する。他のトレーニングはダートマス IPS ウェブサイト（www.dartmouthips.org）にある様々な教材を使い，IPS スーパーバイザーがリードして遂行することもできる。

例えば，IPS 実践ガイド 2012 年版（IPS Supported Employment：A Practical Guide 2012）は就労スペシャリストが彼らの業務を遂行する上で必要なスキルに焦点を当てた1冊です。スーパーバイザーはこのような本を用い，毎週，就労スペシャリストに分担を決め抄読会を開催し，チャプターごとに質問をすることもできるでしょう。また，この本ではその内容を参考にスーパーバイザーが独自に自分のスキルを磨くこともできるように作成されています。例えば，その本の中で雇用主との関係を構築することを記載したチャプターをまず読んでみてください。そして就労スペシャリストと一緒に雇用主に会いに行き，そこで本に書いてある内容を実践してみてください。現場で直接行う教育・支援を通して，多くの就労スペシャリストが彼らの直面している問題に新しい発見や気づきを得て，今後の日常実践に反映させることができます。

6）プログラムの書類様式を作成すること

良好なフィデリティを保つために必要なサービス計画書を次頁に列記します。資金や認可の程度など取り巻く環境によっては，これ以外の書類も必要になることがあります。

記録用紙，内容	記載者	使用時期と頻度
就労への興味に関する標準化聞き取り表 例：「働くことに興味がありますか」「働くと，障がい者保障がどのような影響を受けるか知っていますか」「何が働くことの妨げになっていますか」「仕事をしたいと思う人を支援するプログラムについて知っていますか」	精神科治療スタッフ	精神科治療を受け始めるとき。その後少なくとも１年に１回
キャリアプロファイル：クライアントの就労目的，就労経験，技能，教育歴など。巻末にサンプルあり	就労スペシャリストとクライアント	IPS 開始時
キャリアプロファイルの更新。巻末にサンプルあり（就労開始報告書，失職報告書，教育経験報告書など）	就労スペシャリストとクライアント	就労開始時，退職時，教育プログラム参加時
職業開拓計画書／就労継続支援計画書（個別治療プランと類似）。巻末にサンプルあり	就労スペシャリストとクライアント	IPS 導入１ヵ月後。以後，①少なくとも１年に１回，②新しい仕事の開始時，退職時，教育プログラム参加時
雇用主面会記録 個人的面会か，人事権を持つ人との面会かなど記録。巻末にサンプルあり	就労スペシャリスト	毎週
経過記録 現行の支援内容，経過，就労に向けた進展など記録	就労スペシャリスト	クライアント，雇用主に会う度
面会提案記録 面接に現れないクライアントに対して，面会の成功の有無にかかわらず，その働きがけをしたこと，その結果を書く	就労スペシャリスト	アウトリーチ活動（面会の働きがけ）毎

必ずしも必須ではありませんが，良好なフィデリティを維持するために有用な書類として以下のものがあります。

・職場開拓フィールドモニタリングチェックリスト

これはIPSスーパーバイザーと就労スペシャリストが，雇用主と面会する際のスキルを向上するために使用するツール。IPSスーパーバイザーが就労スペシャリストにカンファレンスで助言した内容等を記録するもの。

・保障プラン報告書

例えば，収入の額に応じてクライアントに対する政府からの支援がどのように影響を受けるかなど，生活に直結する保障に関する情報や計画をまとめた書類である。「サービス：保障制度を熟知した就労奨励プランニング」の項を参照ください。

7）IPS プログラムの効果判定のためのデータ収集・活用方法を確立すること

最初に IPS の効果判定のため，どのようなデータを収集するか決めてください。支援開始後の結果について集めたい情報として以下のようなものがあります。

・3ヶ月で IPS 支援をした人数
・3ヶ月で IPS プログラムを紹介された人数
・3ヶ月間で一般就労した人数。就労時間に関わらず働いた人の％を集計する（一般就労は以下の条件を満たすものを呼ぶ：雇用された者が障がいを持つかどうか，その程度がどうかに関わらず，誰もが申し込みできる仕事であり，同僚と同じ額の給与を受け取り，同じ職場で同じ業務が課せられる仕事を指す。そして雇用主は賃金を直接その労働者に支払い，あくまでも仕事の時間は雇用者の業務上必要とする時間に基づいて決定されるか，労働者の希望によって決定されるものである）
・3ヶ月で専門知識の単位（credit-bearing certificate）[注11]や資格取得のための教育プログラムに参加した人の数（ここでいう教育プログラムは以下のものを指す：すべての人に開かれた制度であり，決

注11　大学などで専門コース以外の特殊知識の学習のため取得する単位。この単位を取得することで，就職活動で自己アピールすることができる。例えば，『日本語』『アジア文化と商法』『スポーツマーケティング』のような，極めて専門的な知識を取得できる。

して障がいを持った人のためだけに設定されたものではない。例えば，高校や高校に準ずる教育プログラムであったり職業学校，成人職業訓練校，大学であったりする）

・3ヶ月でIPSを卒業し一般雇用を継続している人数

その他，評価に活用できるデータとして，例えば1週間の平均労働時間，平均収入，平均就労週数，一定期間に資格や認定書を取得した人数などがあります。正確なデータを取得するためには，収集されるデータの種類は極力最小限にとどめるべきです。そのプログラムのリーダーやスーパーバイザーが，その観点から上記以外にほんの1つか2つの測定項目を選ぶ程度でよいでしょう。

支援経過を評価する情報には，その支援が実際どのように遂行されたかを具体的に示すものが含まれなければいけません。その例を以下に示します。

・IPS就労支援のフィデリティ評価点，あるいは特定の下部項目の評価点。IPSを行っている団体のサービスの質を正確に把握するためには，まずフィデリティ評価点をモニターする必要があり，その結果を受けて改善点を明確にすることもできる。このように，フィデリティを重視した行動プランを採用すること，またIPS導入プランを尊重してIPSを導入することで，IPSサービスの質を保証することができる。

・クライアントと就労スペシャリストが最初に会った日から，対面で雇用主あるいは雇用権限を持つ人に就労スペシャリストやそれに準じるスタッフが最初に面接するまでの日数。「サービス：一般就労に向けた迅速な職場調査」の項を参照。

・就労スペシャリストが1週間に会った雇用者の数。「サービス：職場開拓　頻回の雇用主との接触」の項を参照。

・IPSプログラムに導入された少数民族や人種的マイノリティの数と

その％[注12]。この数値はその団体でIPS支援を行った総数に対する割合として算出し，その団体が支援している地域の人種構成割合と比較される。これらの数値を割り出す目的は，少数民族や人種的にマイノリティに属する人々に，果たしてIPSサービスが適切に提供されているかどうかを調べ，もしIPSサービスの提供が難しいのであれば，それに代わるアウトリーチサービス等が提供されるかどうかを検討するために活用される。

データによる結果評価はIPSプログラムの改善，普及，定着をもたらします。

IPSの結果集計はサービスの改善・普及・継続性の促進のために非常に重要です。集計データは，まずIPSチームまたはIPS実行委員会の間で共有・協議され，そこで対応策を練るためにブレインストーミング法（創造的アイディアを集団で出し合うための会議技法）が用いられます。続いて，これらのデータを活用して今後良質な結果が継続的に得られるためのプランの作成が行われ，喜ばしくない結果が得られた場合はその改善策が講じられることになります。改善のための計画書は書面で作成し，その施設の実行委員会で重要議題として提示され，今後の支援の質の向上に向けた取り組みに取り入れられることとなります。このプランの例を「IPSパフォーマンス改善プラン」として巻末に掲載しています。個々の就労スペシャリストの業務改善プランも文書で立案され，IPSスーパーバイザーか他の上司がそれを保管します。これに関しては「組織：IPS就労支援スーパーバイザーの役割」の項を参照ください。

注12　様々な民族や人種が共存している米国では，このような観点からのデータ解析は特別重要となる。

8）IPS 就労支援はフィデリティ評価尺度を使うこと

IPS 就労支援は 25 のフィデリティ評価尺度によって評価されます（2008 年改訂）。その評価尺度には，例えば IPS プログラムにはどのような人員が配置されているか，大きな組織に適切に組み込まれているか，どのように IPS サービスが提供されているかなど細かい基準が含まれています。米国のすべてのプログラムのリーダーは一様にこのフィデリティ評価尺度を使用しています。フィデリティの高さと就労支援によって一般雇用に定着する率は正比例するというデータがあり，IPS 支援の定着も高くできることが実証されているからです。フィデリティを活用して計画作成することは IPS プログラムの導入においてとても重要なのです。

理想的には外部の団体から選ばれた少なくとも 2 人以上のフィデリティ評価者によって，評価されるのが好ましいでしょう。

IPS フィデリティ評価尺度を用いる目的は，それによってサービスの質が向上し，より多くの人の就労が実現できることです。

評価者は IPS フィデリティ評価をするためのトレーニングを受けており，評価をする施設には 1 日半か 2 日間滞在し，その施設のこと，施設で行われている IPS のことを可能な限り理解して評価することが望まれます。評価者は就労スタッフ，精神保健医療従事者，その団体のリーダー，IPS 利用者，その家族，就労リハビリテーション局カウンセラー，そして社会保障についてカウンセリングを行う者にインタビューをします。彼らは利用者のサービスについて話し合う会議を見学したり，利用者のカルテを閲覧し，就労スペシャリストが雇用主と連絡を取っている様子を観察します。訪問の後に，評価者は彼らへ視察で得られた情報を基に各フィデリティ評価尺度の下位項目に点数を付けます。そして推奨される改善点も含めたレポートを施設へ送付します。最初のフィデリティ評価は，一般的にはIPSプログラムが利用者の支援を開始した時点から６ヵ月後に計画されることが多いです。

もともとのフィデリティ評価尺度が大変高い（100点やそれ以上）場合は非常にまれです。ですからフィデリティ評価やそのための訪問の目的は，利用者がより高い確率で就労できるための技術的なアドバイスをすることにあります。フィデリティレポートを活用して，サービスがより洗練されたものになるように改善を行い，満足できるものになるまで評価を６ヵ月ごとに行うように心がけます。その後は，フィデリティ評価は年に１回のペースで行います。IPSプログラムは（科学的）根拠に基づいてデザインされた支援体制であるので，その基準から逸脱しないようにモニターを続けるのです。

もし，施設外にフィデリティ評価者が存在しないか協力できない状態にあれば，施設内にIPSフィデリティとその評価の仕方について可能な限り熟知した職員を設け，評価してもらうことも役立つと思われます。IPSチームと密接な関係にないような施設の雇用者やスタッフ，例えば業務監視部のマネージャー，人事部のマネージャーのような人は客観的に評価するのに適していると思われます。IPS就労フィデリティマニュアル[注13]は評価者にとって有用ですので，www.dartmouthips.orgにアクセスし，ProgramそしてProgram Integrationを選択すれば閲覧できます。マニュアルは同じウェブサイトから購入することもできます。評価者はウェブサイトを通じフィデリティに関する質問を投稿することができます。その場合，ウェブサイトでAbout IPS，次いでAskを選択してください。

フィデリティ評価尺度は，支援機関のリーダーや実行委員会が彼らの

注13　同ウェブサイトに日本語訳が提供されている。また，国立精神・神経医療研究センター精神保健研究所社会復帰研究部の山口創生氏らによって日本語版が作成され，実践応用に向けた評価が行われている。

行うサービスのデザインを策定する際にも活用できます。この活用法を支援するためにも，次章では，フィデリティ評価尺度のそれぞれのアイテムについてIPS導入が成功するために必要なヒントを紹介しながら説明します。評価尺度は，「スタッフ」「組織」「サービス」の３つの大項目で構成されています。

第2章
IPS 就労支援フィデリティアイテムの導入にあたって

まず精神障がい者の就労支援を行っているNPO法人Chrysalis代表Dani Rischallの述べた以下の文章を紹介します。

「IPSを組織に導入しようとする時，IPSを構成するすべての要素を満たすことは容易ではないのですが，IPSの実践にはどの要素も必須であるということにまず気づくことが，IPSを成功させる最も重要なことだと思います。例えば，もしあなたたちがクライアントの好みや希望に焦点を当てなければ，様々な労力を就労支援に費やしても必ずしもよい結果を生まないでしょう。IPSには独特の精神が宿っていますし，このモデルには複数の重要な要素が含まれているのです。それらの要素は，むしろ構造として組み込まれていると言ってよいでしょう。あなた方はそのすべての要素を取り入れた状態で，しかもこのすべての要素がお互い機能し合った状態でIPSプログラムが遂行されているかいつも意識しておく必要があるのです」

スタッフ：就労スペシャリストが支援できるクライアントの数について

1）定義

就労スペシャリスト１人が担当するクライアントの数には制限があります。フルタイムで働いている就労スペシャリストが担当できるケースは 20 人以下です。

2）理論的根拠

就労スペシャリストが支援するクライアント数は，就労支援の結果に直接影響を与えることが研究で証明されています。

IPS 就労支援は，集中的に個別支援することで成果が上がるクライアントを対象としています。ですから就労スペシャリストは毎週直接すべてのクライアントに会って，現状を評価します。彼らの仕事のほとんどは地域で行われるので，移動時間は支援の効率を考える上で非常に大きな要素になります。さらに，就労スペシャリストは週に少なくとも６人以上の将来雇用主になる可能性のある人物と直接会うこともします（「サービス：職場開拓　頻回の雇用主との接触」の項を参照）。就労スペシャリストが規定以上のケースを支援しながら，同様な手厚い個別支援をすることはほとんど不可能なのです。

3）導入のヒント

精神保健支援チームに会って，なぜ就労スペシャリストは 20 人を超えるケースを１人で支援できないかをしっかり説明してください。もし，紹介されたクライアントの数が許容範囲を超えた場合，その扱い方と IPS チームの対応方法についてあらかじめ具体的に説明しておいてください（以下を参照）。

・順番待ちリストの扱い方について

1. 必要であればIPSスーパーバイザーは順番待ちリストを作成して，そのリストにのぼったクライアント1人1人と連絡をとる。そして，クライアントに待ち時間の間に就労リハビリテーション局へ紹介状持参で相談に行くか提案してみる。言いかえれば，IPSの待ち時間の間に就労リハビリテーション局を介した雇用開拓を選択肢としてもらう。
2. IPSスーパーバイザーは，IPS実行委員会と共に順番待ちリストに上ったクライアントの数を少なくとも年に2回は確認，評価する。
3. もし順番待ちリストにのぼったクライアントの数が14人を超えるような場合は，IPSスーパーバイザーはその施設の運営幹部に会議の招集を依頼し，果たしてもう1人就労スペシャリストを加えるかどうか議論する。

各就労スペシャリストの受け持ちクライアントの数を絶えずリストアップし，月々評価します。IPSスーパーバイザーはIPSへの紹介状を常に追跡することで，就労スペシャリストが現在何人のケースを担当しているかを知っておく必要があります。

IPSスーパーバイザーは定期的に支援ケース数をモニターし，就労スペシャリストの支援サイズを調整します。

もし，担当クライアントが14人より少ない場合，IPSスーパーバイザーは精神保健支援チームと連絡を取り合い，なぜ精神保健支援チームからの紹介が少ないのか原因を探ります。IPSスーパーバイザーは，支援チームの会合に参加し，職探しの援助，精神保健支援チームスーパーバイザーとの面会，クライアントの職場開拓のプランニングなど，就労スペシャリストが行っている活動の紹介をします。これに関しては，

「組織：組織の一般就労への意識づけ」の項も参照ください。

4）IPSの導入を妨げる共通要因

①支援数を超過した紹介数がある場合：もしIPSで支援できるケースよりも多くの紹介がある場合は，その施設の運営部はプログラムを拡張する方法について協議する必要に迫られるでしょう。運営部は，同時に現在使用できるすべての財源，資源が使われているかどうか再調査する必要にも迫られるでしょう。施設のリーダーによっては，他の部署，例えばケースマネージメント[注14]，デイサービス，居宅支援等のスタッフをIPSプログラムに展開するという方法をとることもあります。

②積極的にIPSを活用していないケースの取り扱いについて：支援クライアントの数が超過する1つの原因は，就労スペシャリストが積極的に支援に関わっていないクライアントも支援ケースとして抱え込んでいることです。この原因は，就労スペシャリストが，一旦支援を中断しても，また再手続を将来することになるのではと考えてしまうからであり，また現在支援がなくてもある時点から急に支援が必要になることもあるのではないかと心配するためです。このやり方は推奨されません。就労スペシャリストは，3ヵ月かそれ以上IPS支援が活用されていないケースについては，一旦支援終結とするべきです。もし特別の理由で，1～2ヵ月ほど就労支援ができない状態に限っては，就労スペシャリストはそのケースは対象ケースとして維持してもよいでしょう。また，アウトリーチ的な関わりを行っても月に1度以上の支援を受けていないケースでは，支援の対象から除外してもよいでしょう。例えば，もしすで

注14　生活全般の支援を担うケースマネージャーによって運用されるサービス。日本のケースマネージャーとは異なり，本邦のヘルパーと精神科訪問看護の業務を統合した支援を一括して行う。「米国におけるIPSの実践」の項を参照。就労が定着した場合は，IPSによる支援量を減らし，ケースマネージャーに支援を委譲することもできる。

に働いている人が月に1度以上の就労支援を受けていなければ，IPS サービスは終了して，このケースの支援は，精神保健支援チーム，あるいはその人が個人的に知り得ている支援スタッフに委譲するのがよいでしょう。

③個別支援の欠如：ある就労プログラムでは，クライアントが1名の担当就労スペシャリストから支援を受けていない場合があります。この状況は非常に問題です。というのも，自分の支援スタッフが誰かということを明確にすることは，よりよい個別支援を実現することに繋がるからです。また，もし2人以上の支援スタッフが支援する状況になれば，究極の言い方をすれば，誰もがクライアントの就労支援に最終責任を持たなくなります。もう一つ，支援するクライアントを明確にすることは，支援の結果を基に行われるスーパービジョンを機能させるためにも重要です。支援スタッフ数を明確にすることで，IPS スーパーバイザーはどの就労スペシャリストがスキル向上のための援助を必要としているか判断することができるのです。

④1就労スペシャリスト当たりの支援クライアント数が20人以下となり，プログラムの歳入減少を危惧する場合：この場合でも，IPS プログラムは学校，あるいは仕事に定着するため，とりわけ個別の手厚い支援を必要としている人に対して，チームを縮少してでも安定して提供される体制を維持しなければなりません。それほどの支援を必要としない人は，あくまでも他の精神保健支援従事者から就労に関するコーチングを受けるようにしたほうがよいでしょう。

5）良好な IPS 導入例

就労スペシャリストが3名，IPS スーパーバイザーが1名いるチームにおいて，それぞれの就労スペシャリストが21名，19名，20名のクライアントを支援しているとします。その平均が1人当たり20名となります。IPS スーパーバイザーも自ら3名のケースを担当しています。しかしこの 3 名は平均の支援数，1 人当たりの支援数の中には考慮されません。すなわち，この場合平均支援数は 20 名と計算します。

スタッフ：就労支援に特化する

1）定義

就労スペシャリストは就労サービスのみを提供します。

2）理論的根拠

急性期対応，居宅危機介入など複数の業務に関わると，雇用者と直接関係を構築するなどの就労スペシャリストに必要なスキルを取得することはできません。

3）導入のヒント

就労支援に必要な業務だけをリストアップした文章を作成しましょう。サンプルは，「IPS就労スペシャリストの業務」の項に掲載されています。

就労スペシャリストは時として他の精神保健従事者の業務を援助することがあるかもしれませんが（例えば，就労支援の一環でクライアントと会う機会がある時，ついでに薬を手渡すというようなこと），ほとんどの時間は就労に関する業務に集中することを周知してください。これにより，精神保健従事者も，彼らの支援するクライアントが有効な就労支援サービスを受けていると安心することができます。

4）IPSの導入を妨げる共通要因

①就労支援に関わるスタッフがACTにも関与してしまうケース：ACTの専門職チームのメンバーは，あらゆるケースや課題に対応できるように教育され，高い対応能力が期待されますが，就労スペシャリストの場合は就労に特化した支援体制が他の業務によって薄められること

がないように注意しないといけません。たとえ彼らがACTのチームと連携をしているとしてもそれは同様です。ちょうど，精神科医の役割が保障されているのと同じように，就労スペシャリストも完全に彼ら自身の専門領域に特化できるよう配慮されるべきです。

②他の部署の欠員を埋めるために就労スペシャリストに援助が求められる場合：施設によってはケースマネージメントやデイケアサービスで欠員が生じた時に，その援助を就労スペシャリストに依頼することがあります。効果的な就労支援を実現するために，科学的根拠に基づいて就労支援を行っているという見地から，その施設のリーダーは，施設内の意思統一を図り，就労スペシャリストが就労支援に特化した最高の働きと最良の就労結果を導くようにその業務内容を保全すべきです。すなわち，就労スペシャリストは，本来他の欠員を埋めるよう依頼されるべきではありません。

③グループ活動へ取り込まれる：就労スペシャリストは積極的にある特定のグループの活動，あるいは活動の質の向上に関わるものではありません。例えば，デイケアプログラムの中にある就労訓練グループ，女性グループ，あるいは薬物依存グループなど，特定のグループに強く関わるものではありません。就労スペシャリストはむしろそのようなグループに時に招待されてIPSプログラムについての情報提供のための講義，講演するということは好ましいと思われます。

④就労支援サービスの定義上の混乱：サービスによっては，それが仕事を成功に導くものであっても，就労支援サービスとは切り離すべきものがあります。次のページの表にその例を提示します。

就労スペシャリストの活動が，あくまでも高い就労率を実現することに焦点を当てているか確認してください。

就労支援の例	就労支援に含まれないもの
・雇用主候補と話す ・クライアントの就労の好みを話し合う ・就労歴を確認し合う ・履歴書作成の援助 ・雇用申込書記載の援助 ・就職面接への同行 ・仕事ぶりについて同僚や雇用主と話し合う ・仕事やキャリアプランについてコーヒーを飲みながら話し合う ・仕事先まで車で送りながら，仕事ぶりについて話し合う ・出社前に目覚ましの電話をかける ・通勤のため電車やバスの利用の仕方を教える ・薬物支援機関や保護観察機関に支援の進展状況を説明する（許可を得て） ・年金機関などに所得申請をする方法を教える ・職種のマッチングや就労の進展について家族面接を提案する ・長期的なキャリア目標を達成できる教育機関の開拓を支援する ・教育や就労技能訓練を受ける経済的援助を開拓する ・教育プログラム参加登録に同伴する ・クライアントと就労リハビリテーション局に行き，カウンセラーと話す	・住まい探し（あるいは現在の大家との交渉） ・就労に必要なIDの取得援助 ・衛生上必要な指導，洗濯指導など ・金銭管理（就労スペシャリストはそれが就労実現の鍵になる時は支援を行う） ・薬物依存カウンセリング（就労継続や失職に大きく薬物依存が関わる時は，就労スペシャリストはカウンセリングに参加することはある） ・保護観察官や後見人と協働で行う支援 ・就労に関連しない，公共機関の利用の支援 ・すでに継続中の確定申告やその他の保障制度の申告の援助 ・スーパーへの同伴

5）良好なIPS導入例

就労スペシャリストの1ヵ月間の活動の例を示します。

第1週	就労支援サービスのみ
第2週	クライアントの仕事ぶりについて話し合うために自宅訪問し，同時に薬を届ける。その他は就労支援サービスのみ
第3週	クライアントと雇用申込書を提出した帰りにフードバンク[注15]（生活困窮者のための食料提供所）に立ち寄る。その他は就労支援サービスのみ
第4週	就労支援サービスのみ

注15　例えば処分される前の余剰食品，内容に問題がないが包装の痛みなどで市場に流通しない食品を企業から寄付として集め，生活困窮者に提供したり施設に届ける活動。アメリカでは1967年から始まった。

スタッフ：就労支援全般を担う

1）定義

就労スペシャリストは，就労に関するすべての段階に関わります。その業務には，IPSへの導入，支援の契約，アセスメント，就職，就職後のフォローアップ支援などが含まれますが，それらすべてのサービスは，クライアントが安定して就労できる状態となり，他の精神保健チームによる軽い就労支援で充足されるまで提供されます［注釈：福祉相談業務は就労スペシャリストは担うべきではありません。そのような案件は高い知識と教育を積んだ正規の保障制度相談員（benefit counselor）へ紹介するべきです］。

2）理論的根拠

我々の研究で，就労支援プログラムから脱落する最大の理由は就労スペシャリストの交代であるという結果を得ました。また，就労支援サービスに含まれる各種支援を異なる就労スペシャリストによって提供される場合でも，同様な事態が多く発生しました（例えば，職場開拓と職場支援が別の就労スペシャリストによって行われた場合など）。多くのクライアントは，就労スペシャリストとの間に形成された信頼関係から多くの有益な支援を得ることができます。そして，支援員の変更を望みません。雇用主も同様に雇用に至る間，同一の就労スペシャリストから協力を得ることを希望します。

IPSプログラムに参加したクライアントはすべての支援が同一のスタッフによって提供されることに安心感を得ます。

3）導入のヒント

就労の全過程に含まれるすべての局面において，就労スペシャリストが果たす役割を書き記した文書を作成してください。その例は，「IPS 就労スペシャリストの業務」の項に掲載されています。

スーパーバイザーは，就労スペシャリストと協議をする中で，就労におけるあらゆる局面でどう対処するべきか教育していく必要があります。これに含まれる具体的な業務として，例えば，新しく就労を希望する人との面接，履歴書作成の支援，雇用主との面会，就労支援プランの作成等があります。教育のためには各就労スペシャリストの働き具合を具体的に把握し，観察する必要があります。スーパーバイザーと IPS のチームメンバーはお互いに意見交換したり，成功例について話し合ったり，新しい戦略について議論することでお互い学び合う関係にあります。スーパーバイザーは，就労スペシャリストが熟練したレベルに到達しても，関わりの頻度はかなり少なくしながらも継続的に協力をすることが望まれます。

4）IPS の導入を妨げる共通要因

①就労スペシャリストの職場開拓能力の適正な評価：就労支援のスーパーバイザーの中には，職場開拓能力に優れた人物は，特定の高い経験を有し，ある特定の性格傾向を持っていなければならないと信じている者がいます。例えば，あるスーパーバイザーは，職場開拓に優れた人は，非常に売り込みの上手な人物で，雇用者と上手に様々な折衝をこなせないといけないと信じ込んでいます。しかしながら，就労支援の経験が豊富なスーパーバイザーは，優秀な職場開拓のスペシャリストとなる人は，継続的に根気強く雇用者を訪れる人物で，親しみやすい性格でむしろ素晴らしい聞き上手が多いと証言しています。有能な職場開拓のスペシャリストになった人の中には，セールス業務の経験を持ち，相対的

に社交的な人もいる場合もありますが，非常に優秀な職場開拓のスペシャリストとなった人の多くは，いわゆる物静かで忍耐強い人が意外と多いのです。

②ジョブコーチング支援の方法：就職したクライアントが職場で支援を必要とする場合，就労スペシャリストがちょうど他の責任ある業務を遂行中で，迅速な支援が困難なことが時にあります。このようなケースでは，他の就労スペシャリストが援助することもあります。例えば，同僚の就労スペシャリストがジョブコーチ支援の時間を数時間特別に設けることはあり得ます（ただし，IPS 支援を受けているほとんどの人は職場でのコーチング支援を必要としません。もし支援が必要で，その支援が相当の期間に及ぶのであれば，支援チームは果たしてその人にその職場がマッチしているかどうか議論する必要があります）。

ほとんどの人は訓練やスーパーバイザーの同行アドバイスで，雇用主との関係構築のためのスキルを習得することができます。

③導入過程：新しいクライアントの IPS 導入時に，IPS スーパーバイザーの中には，担当の就労スペシャリストを決定する前にクライアントとの面接を希望する人もいます。彼らはこの機会を活用して IPS サービスに導入されるすべてのクライアントを把握したいと考えます。確かにこれは，スーパービジョンの観点からするとクライアントの状況を把握する上で効率的なやり方と思われますが，一方でクライアントの視点から見れば，これは不要な追加の作業としか映らないでしょう。そういう意味では，よりよいアプローチというのは，就労スペシャリストが可能な限り早く新しいクライアントと第 1 回目の面接を行うよう心がけ，スーパーバイザーは，そのミーティングに自ら参加するか，就労スペシャリストとその後の支援の中で協働することでクライアントの情報を得る方が好ましいでしょう。

5）良好な IPS 導入例

①マリアのケース：マリアは仕事に就きたいと思っていました。彼女のケースマネージャーは，IPS プログラムへの紹介状を作成すると同時に，次の週，マリアと就労スペシャリストに個別に面会しました。続いて就労スペシャリストがマリアと会い，履歴書の作成や就労に向けたプランの作成に着手しました。就労スペシャリストはマリアが生活保護を受給していることを知ったので，その地域の福祉相談員へマリアを紹介しました。マリアと彼女の母親は福祉相談員とのカウンセリングに参加しました。その間，就労スペシャリストはマリアとさらにもう数回面接を行い，マリアの希望や目標について学びました。そして就労スペシャリストは，マリアの許可を得た後にマリアの代わりに，想定される雇用主との面会を開始し，毎週のようにマリアの雇用申し込みの手伝いをしました。マリアが就職した後も同じ就労スペシャリストが継続して支援にあたりました。支援期間中，就労スペシャリストは雇用主の支援，マリアとの継続的な面接，あるいはマリアと母親との面接を通して，マリアが仕事についてどのように感じているか聴取を続けました。

②タビスの役割：タビスは，精神保健支援チームの一員として，主として 16 ～ 30 歳までの青年の支援を行っている就労スペシャリストです。タビスが支援している人の多くは，教育やキャリアを積むための職業訓練に興味を持っていました。タビスが支援している多くのクライアントは，実際のところその両方を希望しており，その結果，彼らはパートタイムで仕事をしながら，短時間の通学も行っているという状況でした。タビスは就労に関わるすべての支援サービスを提供しました（アウトリーチ，就労支援の導入，社会福祉相談への紹介状の作成，履歴書の作成，雇用主のリサーチまた個別就労支援など）。またタビスは教育関連の支援も同様に行いました（適切な教育あるいは訓練プログラムの探索，奨学金制度の検索，学校にある障がい生徒支援室あるいは教授との

連携，学習支援等)。タビスはこの就労と教育の両面の支援を行ったので，支援している人のキャリアアップのための包括的な支援をすることが可能でした。

組織：精神保健支援チームとの支援統合

1）定義

就労スペシャリストは，１人が支援できる最大ケース数の少なくとも90％程度のケースを抱えることが好ましく，一般的に１つあるいは２つの精神保健支援チームに属します。

2）理論的根拠

１人の就労スペシャリストが効率的に働くためには，支援する人数には限度があります。就労スペシャリストは，毎週行われるIPSユニットミーティング，彼らが配属されている精神保健支援チームのミーティング[注16]，そして月に１回行われる就労リハビリテーション局ミーティングに参加することになります。それに加えて彼らは，精神保健支援チームのスタッフや就労リハビリテーション局カウンセラーとミーティング以外にも必要に応じて話し合いを持つことがあります。

3）導入のヒント

各就労スペシャリストを１つあるいは最大２つの精神保健支援チームに配置してください。就労スペシャリストは，彼らが配属している支援チームからの支援依頼状しか受理しないことをチームメンバーに通達しましょう。

この支援依頼状は極力簡潔なものとする必要があります。でなければ，精神保健支援チームのスタッフは，働くことに興味がある人がいて

注16　多職種で編成されている精神保健支援チームは通常週１回のミーティングを行っている。ベルモント州精神保健センターの一つである，ハワードセンターでの取り組みの実例を紹介しているので，「米国におけるIPSの実践」を参照。

も紹介しないこともありえます。IPSチームに紹介された人に関する追加情報は，精神保健支援チームミーティングで共有されます。

もし精神保健支援チームの数が就労スペシャリストの数を超えた場合，就労スペシャリストをすべてのチームに，その業務量を薄めるかたちで配属したいと希望されることもありますが，これには強く反対すべきです。例えばその施設が，7つの精神保健支援チームを有し2人の就労スペシャリストを雇用しているとすれば，少なくとも，もう2人の就労スペシャリストを必要とすると考えるべきです。もし就労スペシャリストを直ちに追加雇用することが不可能であれば，少なくとも3つの精神保健支援チームは，IPS就労スペシャリストの追加雇用がなされるまでは，IPSサービスにアクセスできないことを意味すると理解すべきです。質の高いサービスを限定された人に提供することの方が，密度の乏しいありきたりで効果のないサービスをより多くの人に提供するよりも推奨されます。まず，現在可能な範囲で最も高いサービスの質を提供することに専念し，続いてマンパワーを増やすことに注力することが好ましいのです。

初期は多くのクライアントの支援が難しくとも，質の高いサービスを提供することに焦点を当ててください。

4）IPSの導入を妨げる共通要因

①規模の大きい精神保健支援チームの場合：最も理想的な精神保健支援チームのサイズは，6～10人の支援スタッフから構成されるもので，それにより定期的にすべてのクライアントについてチーム内で議論することが可能になります。もし精神保健支援チームが非常に大きいサイズの場合は，IPSスーパーバイザーは1チームに対して1人専属の就労スペシャリストを配属すべきです。

②精神保健支援チームのない状態：施設によっては，精神保健支援ス

タッフ，例えば医師などは独立して仕事を行っていることがあります（この場合，彼らは個々のクライアントについて話し合うミーティングに参加するなど，メンバーとして支援チームに組み込まれることがありません）。その施設の運営に携わる指導者は，チームを構成するよう働きかけるべきです。精神保健支援チームを組織することで，様々な点で非常に有益な素晴らしい取り組みを生みます。例えば，チームを形成することによってそのグループのスーパービジョン体制が整うこと，あるいは新しく参加した支援スタッフが精神疾患や精神科治療について学ぶことを促進でき，看護師，居宅支援員あるいは就労スペシャリストとの協働をより円滑に進める良好な機会を提供するなどです。もし毎週の会議が可能でなければ，施設のリーダーは，例えば隔週のミーティングを企画し，そして後に毎週のミーティングが実現可能かどうか継続的に評価を続けていけばよいでしょう。

③外部組織から頻繁に依頼がある場合：もし就労リハビリテーション局カウンセラーや外部の精神保健事業所からIPSプログラムの依頼が舞い込む場合，外部のすべての支援スタッフと就労スペシャリストがうまく業務内容をコーディネイトしていくことは非常に難しいかもしれません。例えば，就労リハビリテーション局カウンセラーが開業医の治療を受けている人，あるいは他の精神保健サービスを受けている人をIPSに紹介することもあるでしょう。この問題を解決する1つの方法は，外部からの依頼数を制限するということです。重度の精神疾患を有する人の60％は働きたいと望んでいるという事実があります。ひとたび人々が働きたいと言い始めれば，あなたの施設からでも十分な数のIPSの申し込みが出ることは十分考えられるのです。

5）良好なIPS導入例

例1：

就労スペシャリスト	支援ケースの数
メアリー	チームAから8人 チームBから11人のケースを支援
エリック	1つのACTチームから15人のケースを支援
タマラ	チームBから2人 チームCから16人のケースを支援
ビル	チームCから19人のケースを支援
ソンヤ（兼スーパーバイザー）	チームAから2人のケースを支援

例2：あるIPSチームは6人の就労スペシャリストを有しています。このチームはある精神保健リハビリテーション団体内の組織ですが，その団体は精神医療サービスを提供していません。この6人の内2人は，他の精神保健支援サービスを提供している団体の治療チームと働いています。彼らはその精神保健機関の中にオフィススペースを持っており，精神保健支援チームのミーティングに週に1回参加しています。彼らは本来属しているリハビリテーション団体へIPSスーパーバイザーによる個人的，あるいはグループスーパービジョンを受けるために定期的に戻ってきます。残りの4人の就労スペシャリストは，5つの精神保健支援チームを有するより大きな精神医療機関に配属されています。彼らは，その機関の1つあるいは2つの精神保健支援チームに属し，そのチームの近くにオフィススペースを確保しています。彼らも同様にIPSスーパーバイザーによる個人相談やグループスーパービジョンを受けるために元のリハビリテーション団体に戻ってきます。

このような場合，状況は非常に複雑なので，提供しているサービスを統括するためには，むしろIPSスーパーバイザーが外郭団体に出向いて行くことが好ましく，例えば，前者の小規模の治療機関へは，スーパーバイザーがその精神保健支援チームのミーティングに月に１回程度参加するようにし，後者の大規模の精神医療機関には，そこで行われる２つの精神保健支援チームのミーティングにスーパーバイザーが毎月参加することで対応できます。

組織：頻回にチームメンバーと接触し，精神保健支援チームと連携したリハビリテーションを実践する

1）定義

就労スペシャリストは積極的に週1回行われる精神保健支援チームのミーティングに参加します（これは事務的報告に取って代わることがあってはなりません）。そのミーティングでは個々のクライアントについて共同意思決定権（shared decision making：SDM）の方針にのっとって就労のゴールを協議して決定していきます。就労スペシャリストのオフィスは精神保健支援チームのメンバーの近くにあるか同じ場所にあるのが好ましいです。精神保健支援チームに関する書類と就労サービスの書類は統合されて一つのカルテに集約されるべきです。就労スペシャリストは，まだIPS就労支援サービスを紹介されていない人々についても議論するようミーティングで働きかけることもできます。

2）理論的根拠

支援チームと就労スペシャリストが頻回に面会することで，すべてのメンバーがチームの一員として機能し，クライアントの就労の実現に協力して取り組むことができます。

このように支援体制が統合されることで，異なる支援スタッフから混乱を生じるような様々な情報がクライアントに舞い込んでくることも予防できます。チームとしてサービスを統合することで，クライアントの持つ多彩な側面にうまく対応した支援を行うことができます。例えば精神科治療を提供しているメンバーがクライアントの就労に影響を与える情報を提供することがあり，就労支援にとっておおいに有益となること

があります。そこで最近処方を変更したという情報が提供されれば，就労スペシャリストは特別な配慮が今必要だと気づくことにもなるでしょう。ケースマネージャーがクライアントの職歴に関する情報を提供することもあります。それによって就労スペシャリストがそのクライアントにマッチした仕事を見つけてくることが容易になるかもしれません。チームを機能させることで，精神科医はその医療機関で就労支援を受けているすべてのクライアントについて，就労の取り組みが成功した時に，その成功を共に祝うこともできるようになります。

3）導入のヒント

協働する精神保健支援チームと同じか近い場所に就労スペシャリストのオフィスを構えるようにしてください。就労スペシャリスト同士は毎週のようにミーティングをするので，彼らがグループになるようにオフィスを構える必要はないのです。これに関しては「組織：就労ユニットについて」の項を参照してください。

週に1回の精神保健支援チームミーティングを確立しましょう。そのミーティグでは事務的なことよりもクライアントのゴールや問題解決に焦点を絞って協議します。治療者（医師など）はそのミーティングの協議中に，チームメンバーに対して治療中の1あるいは2名程度の患者を紹介し，チーム支援を依頼することもできます。時にIPSスーパーバイザーもこのミーティングに参加することはありますが，一般的には精神保健支援チームリーダーが，ミーティングの司会を行います。

クライアントの記録を統一しましょう。一つのカルテに，そのクライアントの就労に関する情報と精神科治療に関する情報書類を統一することが最も好ましいのです。最低でもカルテにはそのクライアントの経歴と最も新しい履歴，そして就労支援プランと就労支援の進展状況が記載されていなければなりません。

もし精神保健支援スタッフと就労スペシャリストが同じ団体で働いて

いないのであれば，両者が頻回に接触できるような戦略を立ててください。提案される戦略の例を下に示します。

・就労スペシャリストと精神保健支援スタッフが同じ場所に留まるよう方策を立てる（例えば，就労スペシャリストのオフィススペースを精神保健支援機関の中に確保する)。就労スペシャリストのために，精神保健支援機関のオフィス内に彼ら専用のオフィススペースを確保することが強く推奨される。そこを拠点として，就労スペシャリストはリハビリテーション施設や就労ユニット会議[注17]などに出向くという体制が好ましい。

・関係団体が情報を共有することに同意，協力すること。

○就労スペシャリストは精神保健支援チームのミーティングにはすべて参加するようにする。

○クライアントの臨床カルテを就労スペシャリストが閲覧できるような方策を確立すること。精神保健支援機関のカルテはその患者の就労歴や現在の状況，それから就労プラン，そしてその進捗状況などの情報を含んでいなくてはならない。就労スペシャリストはそのクライアントの障害がどのように就労に影響を与えるかを知るためにも，臨床カルテなどを閲覧しなければならない。

4）IPSの導入を妨げる共通要因

①就労スペシャリストが精神保健支援チームミーティングの一部にしか参加しない場合：就労スペシャリストが自分が所属するすべての精神保健支援チームミーティングに参加すべき理由はいくつかあります。まず，第一の理由として，そのミーティングで扱われるすべてのケースに

注17　IPSスーパーバイザーのもと数人の就労スペシャリストで構成される就労ユニットの定期会議。通常週１回。各就労スペシャリストは，精神保健支援チームに配属され，そこで実働しているが，定期的に集まり，スーパーバイザーの指導を受けたり，個別のケースについて協議したりする。

ついて知ることです。そうすれば，IPS 依頼が来る前に，就労スペシャリストの方から就労支援の導入を提案できます。例えば就労スペシャリストが，そのミーティングを通してあるクライアントが経済的な問題を抱えているとか，あるいは非常に孤独を感じているとか，またはまだ十分生活目標が達成できていないというような情報を聞いたならば，IPS の導入はどうかと提案することもできるのです。第二の理由として，就労スペシャリストがそのようなミーティングに参加することによって，精神疾患，薬物依存そして治療学一般について学ぶこともできます。第三の理由としては，ミーティングに参加することによって将来的に IPS に紹介されるだろうと思われるケースについて予め情報を集めておくことができるのです。

②就労スペシャリストがクライアントについて報告するにもかかわらず，チームミーティングでクライアントの就労に向けたゴールについて協議されない場合：あるチームミーティングでは就労スペシャリストが彼らの支援ケースについて現状をごく簡単に説明するに留める場合があります。これは非常に重大な機会を逃す行為です。このようなケースでは精神保健支援チームのスーパーバイザーは，チームメンバーが知っているそのケースの好みや強みに関する情報をもっと共有するように促し，そのケースにマッチする仕事は何か，ブレインストーミング法を用いて協議させ，就労に関してそのケースが抱えている具体的な問題を挙げさせ，就労実現のため可能な具体的なサポートについて協議し，ミーティング中に就労について議論する機運を高めるようチームを誘導する必要があります。

③急性期に注目した治療者のチームミーティングの場合：施設によっては，迅速に皆で協議しなければならない困難ケースを対象にしたミーティングを開催するところもあります。この場合，参加メンバーは，就労を達成するにはケースをどのようにサポートすればよいか話し合う十分な機能を持ち合わせていないので，このようなところに就労スペシャ

リストが積極的に参加しても重要な役割を担うことはあまりないでしょう。

④ミーティングスケジュール：もし精神保健支援チームミーティングが1週間に3回，あるいはもっと行われているのであれば，就労スペシャリストは全部の会議に参加する必要はないでしょう。たとえACTチームミーティングの場合であっても必ずしも就労スペシャリストはすべてのミーティングに参加する必要はなく，週に2，3度の参加で十分であり，そうすることで確保できた時間はクライアントの就労を目指した直接的な支援に当てることができるでしょう。

5）良好なIPS導入例

精神保健支援チームのスーパーバイザーは，毎週行われる彼らのミーティングでSDM（共同意思決定権）が非常に重要な要素であることを，次のような事例を挙げてスタッフに説明します。

「話し合いの当初，ケースマネージャーは，就労スペシャリストがクライアントの就労能力についてあまりにも非現実的な評価をしていると感じることがあります。そのような時，就労スペシャリストがそのクライアントのストレングス，例えば過去の就労歴などを紹介することで，そのクライアントの持つ可能性を参加者に伝えることがあります。さらに，就労スペシャリストがそのクライアントの働く権利，あるいは自分で選択する権利を持つということを強くその場で訴えることもあります。そうすることによって，就労スペシャリストの役割が皆に理解され，初めて彼らがそのケースの就職活動に実質的に関与し始めるのです。同時に，ゴールに向けてケースマネージャーが積極的に支援してくれる体制を確立することができるのです」

ある就労スペシャリストは，就労の実現のためにはケースマネージャーの援助が鍵になると述べています。「ある時，就労スペシャリストの所属するチームの女性のケースマネージャーが毎朝コーヒーを飲むために同じコンビニエンスストアに立ち寄っていました。そのうち彼女は店員と顔見知りになりました。ある日，彼女は店員に自分たちの行っているIPSプログラムに参加してみませんかと声を掛けました。そしてそれが縁で彼女は，私すなわち就労スペシャリストをその店のマネージャーに紹介してくださり，その結果私たちのクライアントの１人がそこで雇われることになったのです」

精神保健支援チームのスーパーバイザーは，就労スペシャリストが彼らのチームミーティングに参加し始めてから，就労に関する意識がスタッフの間で高まったとよく言います。あるスーパーバイザーは次のように述べています。「以前から私たちは働くということはとてもプラスになることだとは考えていましたが，私たちの中では最優先項目ではありませんでした。しかしそのうち意識が変わり，例えば先週も就労スペシャリストが，あるクライアントが仕事に就いたという報告をした途端，チームの中から自然と拍手と歓声が沸き起こったのです。このように就労スペシャリストがメンバーの１人であることで，そのチームのメンバー誰もが，自分たちはクライアントの就労を様々な形で支援しているのだという意識を持ったのでした」

精神保健支援チームのスーパーバイザーは，就労スペシャリストがとても重要で有益な情報をチームに持ち帰ってくれることがよくあると言います。あるスーパーバイザーは次のように述べています。「最近就労スペシャリストが，あるクライアントの雇用主がその人の仕事内容について不満を言っていると報告しました。私たちはその報告を聞いてとても怪訝に思いました。というのも，そのクライアントはとてもよく働くということで我々の間では知られていたからです。ケースマネージャーは直ちにそのクライアントに会う予定を立てました。そして面接後そのクライアントが思っていた以上に多くの症状を持っていることに気づきました。私たちのチームに参加している精神科医はそれを受けて処方を変更することを提案し，精神保健支援スタッフはより支援を強化するために，そのクライアントにより頻回に会うように心がけ，さらに就労スペシャリストはそのクライアントの症状が改善するまでその雇用主に継続的な働きかけと支援を行うことにしました。これはまさしくチームによる協働であり，その結果クライアントの就労が幸いにも継続されることになった時に，チームみんなが喜ぶことができたのでした」

ある就労スペシャリストは，精神保健支援スタッフと同じ場所にオフィスを構えることがとても役に立つと述べています。「今では私はケースマネージャーや医師に毎日のように会うことができるし，今発生した問題についていつでも話し合うことができるようになりました。また，同じオフィスを構えることで IPS 支援の依頼をもっと多く受け取るようになりました。次第にそのチームのメンバーをもっと個人的なレベルで深く知ることができるようになり，最近では私は訪問者ではなく，そのチームの本当のメンバーの 1 人であると感じられるようになっています」

ある就労スペシャリストは，精神保健支援スタッフたちが就労に関して果たす役割をより深く理解し始めていると述べています。例えば以下のような実例があります。「私がチームミーティングに参加し始めた時，私は就労に関する情報を報告するだけで，おそらく誰もそれに反応してこないだろうと感じていました。私は就労に関することはすべて私に任されているというふうに感じていました。しかし例えば先週起きたことですが，あるケースマネージャーが仕事をもう辞めようとしているクライアントに出くわしました。そのケースマネージャーは，そのクライアントに仕事を失わないことがどれほど大切か説明し，そのクライアントを職場まで車で連れて行きたいと提案しました。そしてそのケースマネージャーはクライアントを職場に連れて行くだけではなく，職場に入って遅刻したことを一緒に謝りました。この話を聞いてチームのみんなが常に自分の後ろに控えてくれているのだと強く感じました。そして，このことで働きたいと思っているクライアントにはもっとよい支援を提供することができるのだと感じたのでした」

組織：就労スペシャリストと就労リハビリテーション局カウンセラーの協働

1）定義

就労スペシャリストと就労リハビリテーション局カウンセラーは頻回に連絡を取り合い，担当ケースの支援について協議したり，就労リハビリテーション局に紹介されるケースを確認したりします。

2）理論的根拠

IPS学習コミュニティー[注18]に参加している州の施策決定者たちは，就労リハビリテーション局カウンセラーとIPSスタッフが協働する方がよりよい結果をもたらすということをすでに経験しています（以下参照：www.dartmouthips.orgにアクセスしAbout the Centerを選択，続いてOverview，そしてCurrent Projectを選択）。クライアントはその両方の領域から支援を提供してもらうことで，より充実した資源と経験を提供され，その恩恵を被ることができます。

3）導入のヒント

就労リハビリテーション局スーパーバイザーとカウンセラーをIPS運営委員会に招待するようにしてください。同時に就労リハビリテーション局スーパーバイザーとカウンセラーにIPSと協働するためのブレインストーミングを用いたアプローチに参加するように依頼することが好ましいです。例えば，毎月行われるIPSミーティングに参加を促し，そこで就労を支援するための最良の方法を共に議論することが推奨され

注18　注５を参照

ます。

①就労スペシャリストに関して：クライアントが就労リハビリテーション局のオフィスを最初に訪問する時には，就労スペシャリストが同行できるように就労リハビリテーション局カウンセラーに依頼するようにしましょう。多くの就労リハビリテーション局カウンセラーは，経験上，初回面接にクライアントが現れない確率が相当高いことを知っており，就労スペシャリストが同行して確実にその初回のミーティングにクライアントが参加するよう支援してくれることを非常に歓迎します。それまでに就労リハビリテーション局に行ったことがないクライアントや，移動手段として公共の乗り物しか利用できないようなクライアントの場合も就労スペシャリストの同行が大変有益となります。

②施設のリーダーに関して：施設に就労リハビリテーション局カウンセラーのオフィスを設けるように努めてください。就労リハビリテーション局カウンセラーは，ケースミーティングがクライアントらにとって馴染みのある精神保健施設で行われる時の方が，馴染みのないオフィスで行われる時よりも約束通り参加することが多いと言います。就労リハビリテーション局カウンセラーに，できるだけ精神保健施設での滞在時間を確保するように奨励することを勧めます。それによって彼らとIPSチームメンバー，そして精神保健支援従事者との関係を発展させていく機会が増えるのです。

就労リハビリテーション局カウンセラーを精神保健支援チームミーティングに招待してください。もちろん就労リハビリテーション局カウンセラーは非常に多くのケースを扱っており多忙ですが，多くのカウンセラーはそのような会議に参加し実際支援や治療を提供している人と直接話すことはとても有益であることを経験上よく理解しています。また精神保健従事者にとっても就労リハビリテーション局で提供されているサービスについて学ぶ非常に有効な機会になるのです。ある地域では就労リハビリテーション局カウンセラーは精神保健支援チームミーティングに月に１度，あるいは２ヵ月に１度参加しています。

すべてのIPS学習トレーニングに就労リハビリテーション局カウンセラーやスーパーバイザーを取り込むように努めてください。就労スペシャリスト，精神保健支援スタッフ，就労リハビリテーション局カウンセラーなどを含むあらゆるサービス提供者は，トレーニングに共に参加することによってIPSの理論と実践についてより容易に学ぶことができるのです。

4）IPSの導入を妨げる共通要因

①不十分な協力体制が続くことに起因するもの：就労リハビリテーション局カウンセラーとIPSスタッフは，どちらもクライアントが就労に成功することに熱意を注いでいます。もしその２つの団体において協力体制が不十分であれば，就労リハビリテーション局とIPSのスタッフでミーティングを開き改善点について話し合うように働きかけてください。それぞれの団体から参加したスタッフは，それぞれの団体の目指すゴールと取り組み課題についてお互いに理解し合うことが大変重要です。多くの点において就労リハビリテーション局カウンセラーとIPSプログラムのリーダーは支援内容に同意することができ，大半のクライアントについて協力体制を築けますが，必ずしもすべてのクライアントについてそうであるとは限りません。例えば就労リハビリテーション局カウンセラーは，現在薬物を使用しているような人に対して就労支援を承認することには大抵消極的であるので，薬物依存を抱える人は直ちに就労リハビリテーション局に支援依頼を立てず，IPSアプローチを利用するという選択肢もありえると就労リハビリテーション局カウンセラーが理解するまでしばらく時間を取ることが好ましい場合もあります。

②精神保健支援従事者が就労リハビリテーション局カウンセラーを単に財源の提供機関のスタッフとみなすこと：就労リハビリテーション局

カウンセラーは，求職者の就労支援について十分なトレーニングを積んでおり，大抵の場合就労に対して積極的に関わりたいと考えています。さらには就労リハビリテーション局カウンセラーの中には，IPS を利用しているクライアントを支援した経験を持つ人もいるし，それぞれのクライアントに合わせて就労を成功に導くアドバイスをする能力に長けている人材も豊富です。就労リハビリテーション局カウンセラーはその地区の雇用者に関する情報を豊富に持っており，雇用条件に精通し，雇用主がどんな人材を求めているかというような詳細な情報を持っていることがよくあります。さらには，就労リハビリテーション局カウンセラーは就労に影響を与える可能性のある精神障がい以外の併存障がい，あるいは疾患についても情報を有しています。それゆえ IPS 就労支援に関わるスタッフは，就労リハビリテーション局カウンセラーを自分たちのパートナーとしてみなければならないのです。

5）良好な IPS 導入例

例 1：就労スペシャリストとそのスーパーバイザーは月に 1 度は就労リハビリテーション局カウンセラーとミーティングを開き，どちらのサービスも利用している人について話し合います。就労リハビリテーション局カウンセラーは順番にそのミーティングに参加し，自分の担当しているクライアントが話し合われる時のみに参加するという方式を取ることができますが，就労リハビリテーション局のスーパーバイザーはそのミーティングの最初から最後まで参加し，各クライアントについて十分な情報収集を行い，ブレインストーミング法を用いた問題解決を支援することが推奨されます。就労スペシャリストと就労リハビリテーション局カウンセラーはお互いに頻回に E メールや電話で連絡を取り合います。

例 2：就労リハビリテーション局の連絡担当係は IPS からのすべての紹介状をまず受け取ります[注19]。次に，精神障がい者の支援に強い興味を持っている就労リハビリテーション局カウンセラーを担当とし，任命します。彼はクライアントと一緒に精神保健支援事業所のミーティングに月に2回，各半日ほど参加し，さらに月に1度IPSのチームミーティングにも参加します。そのミーティングでは担当に割り当てられた就労リハビリテーション局カウンセラーはチームのメンバーとして参加し，就労というゴールを実現できるための解決策を提案し，自分が支援しているクライアントの最新情報を収集します。就労スペシャリストも一方で頻回に就労リハビリテーション局をクライアントと一緒に訪れて情報交換をします。

注19　IPSサービスは多くの場合就労リハビリテーション局で認可され，予算が提供されるため，IPS利用者の情報は就労リハビリテーション局へ提供されなければならない。

組織：就労ユニットについて

1）定義

少なくとも２人のフルタイムの就労スペシャリストとスーパーバイザーによって就労ユニットは構成されます。就労スペシャリストは，IPS就労支援モデルに基づいたケース毎のスーパービジョンを毎週受けます。IPS就労支援モデルでは，就労に向けた計画が策定され，工程表が共有されます。必要時には，スタッフは自分の受け持ちでないクライアントの支援にあたることもあります。

2）理論的根拠

同じ業務についているIPSスタッフでユニットを形成することで，スタッフは意見や情報を共有することができ，困った時にはお互い支援し合うことができます。一方，精神保健支援チームに配属された就労スペシャリストが１人しかいない場合，その就労スペシャリストは，例えば雇用者との関係を構築するなどの専門のスキルを学ぶ支援を受けることが難しいです。同僚がいない場合，就労スペシャリストはややもすればケースマネージメント業務に終始してしまうことが多くあります。

3）導入のヒント

１人のIPSスーパーバイザーの元で，少なくとも最低２人のフルタイムの就労スペシャリストを雇用するように最大限努力してください。

就労スペシャリストは所属する精神保健支援チームと同じ場所にオフィスを構えるように推奨されますが，就労スペシャリスト同士は週に１回は就労ユニットミーティングで顔を合わせ意見交換する必要があります（もし就労スペシャリストのオフィスが地理的に遠く離れている場合，例えば彼らのオフィスが異なる郡に配置されているような場合では，彼らは個人的に月に2，3回は会うように努め，月に1度は電話で意見交換をすることが推奨されます）。IPSスーパーバイザーは，毎週行われるミーティングをリードする役割を担います。

もしACTチームとIPSチームが同一の団体の中に存在する場合，ACTチームに属する就労スペシャリストはIPSスーパーバイザーに帰属するように配慮してください。雇用者との関係を構築する方法を熟知している者からスーパービジョンを受けることは，就労スペシャリストがIPSに関するスキルを包括的に向上させる上で非常に役に立ちます。さらにこの関係を保つことで就労スペシャリストは，自らの考えや就労支援に向けた方向性を話し合い共有できる仲間，いわゆる同僚を確保することができるのです。そのためにはIPSスーパーバイザーは，ACTチームミーティングに少なくとも月に1度は参加するべきであり，そして自分が就労スペシャリストに助言した内容がACTスーパーバイザーの方針と齟齬を生じないかどうかを確認する必要があります。

同一チームのメンバー同士で互いに助け合うように彼らを励ましてください。例えば職場での支援，いわゆるジョブコーチ業務を援助し合うとか，また就労支援に向けた工程表をお互い共有する，さらには出張等でクライアントの支援ができない期間は他の就労スペシャリストが受け持つなど積極的に協力するべきです。

就労ユニットのミーティングを週1回行うようにスケジュールを組んでください。このミーティングの主要な目的は，求職者やIPSプログラムを通して就労しているクライアントの抱える問題の解決に焦点を絞った議論を行うことです。雇用者との関係について議論することも，もう一つ重要なこの会議の要素です。IPSスーパーバイザーはストレングスモデルに重点を置いた指導を行い，IPS実践理論に基づいた戦略案を提案する役割を会議で担います。

4）IPS の導入を妨げる共通要因

①小規模の精神保健プログラムで生じる障壁：ある施設の事務部は，自分たちの精神保健支援プログラムの規模は非常に小さいので，2人以上の就労スペシャリストを雇用することは不可能だと主張することがよくあります。しかしながら精神保健支援スタッフが次第に就労支援の意義を実感し始め，そして就労を実現した人たちが自らの仕事について話し始めると，小規模の精神保健支援施設であっても支援を受けている成人の50～70パーセントの人が次第に仕事に就くことに興味を示すようになることは決して珍しいことではないのです。それゆえ2人目の就労スペシャリストのポジションを確保する必要性は，継続的に検討されなければいけません。

② IPS ユニットミーティングが定期的に行われないことで生じる問題：プログラムのリーダーの中には，就労スペシャリストとスーパーバイザーは非常に頻回に会って話し合いをしているので，改めて就労スペシャリスト全員とスーパーバイザーが集まるいわゆる就労ユニットミーティングを定期的に行う必要はないと言う人もいます。しかし個人的に会って迅速に最新情報を交換し，問題解決について話し合うということは重要ではありますが，非常に深く議論を行い，質問し合い，考えを交換するというような作業をそれで賄うことはできません。それに加え，例えば廊下で行われるような話し合いの場合，それは現在緊急に対応しないといけないような状況にあるクライアントについて話し合われることが常で，そういう場では他のクライアントはしばしば見逃されるわけです。

③簡単なケースの報告に焦点を当てたミーティングの問題点：チームによっては，そのプログラムで支援しているすべてのクライアントをミーティングで確認しようとし，そのために極めて簡潔な最新の情報だけを共有するというやり方に終始してしまうことがあります。本来のユニ

ットミーティングの目的は，成功をみんなで喜び賞賛することであったり，就労に向けた進捗状況を共有することであったり，またクライアントの目標を実現するため，よりよい戦略を練っていくことです。クライアントが前進できるような現実的な支援を実現するような，深いそして問題解決に焦点を絞った議論ができる時間を確保すべきです。

④手続き的な問題に視点をおいたミーティングに偏ることの弊害：時に会議は，事務的な問題について収拾のつかない議論に終始することがあります。例えば適切な支援計画に役立つ書類作成をどうするかなどという話題に終始することがあります。そういう事務的な事項はミーティングの最後に今日の議題の一つとして付け加える程度にしてください。そうすればミーティングがクライアントの就労の実現に焦点を絞ったものになります。

⑤チームミーティングで議論されないクライアントが存在することの弊害：IPSスーパーバイザーはチームで支援しているクライアントをチェックし，最近チームミーティングで取り上げられていないケースを確認するべきです。そしてそういうケースがあれば，近々行われるミーティングの議題に加えるように配慮すべきです。

5）良好なIPS導入例

例1：5人の就労スペシャリストは1人のスーパーバイザーに現状を報告しています。その内3人の就労スペシャリストは，スーパーバイザーのオフィスがある建物の外で働いています。残りの2人の就労スペシャリストは，彼らが支援しているクライアントがサービスを受けている居宅支援施設で働いています。5人の就労スペシャリストとスーパーバイザーは1週間に1度は90分間の会議を開き，各就労スペシャリストが支援しているクライアントから2，3人をそれぞれ選んで集中的に議論を行っています。このミーティングでは成功を賞賛する2，3分間の短い催しを行うようにしています。先週，就労スペシャリストの1人が現在保育園での仕事を開拓中だと報告しました。その報告を受け，ミーティングの場で彼女の同僚の就労スペシャリストが彼女に知り合いの保育所のオーナーを紹介しました。

例 2：ある団体の精神保健支援チームは郊外で 90 人の患者の支援を行っています。最初はこの団体は，十分な数の IPS スタッフを雇用するための予算を持っていませんでした。そこで，1 名だけ就労スペシャリストを雇用して IPS プログラムを開始しました。その後，数年をかけてその団体は精神保健支援チームを拡大し，隣の郡までその支援範囲を拡大しました。そしてその拡張した精神保健支援チームに新しく就労スペシャリストを雇用しました。そして今ではその 2 人の就労スペシャリストは，1 人のスーパーバイザーに進捗状況を報告する体制をとり，彼らは就労ユニットミーティングを毎週 1 回行うようになっています。

組織：IPS 就労支援スーパーバイザーの役割

1）定義

IPS ユニットでは就労支援チームリーダー，すなわち就労支援スーパーバイザーが指揮をとります。就労スペシャリストの技術は，実践の中で起きた出来事に焦点を当てたスーパービジョンを受けることによって進歩，改善します。以下の5つの重要な役割が IPS スーパーバイザーの業務として挙げられます。

・フルタイムのスーパーバイザー1人は10人以上の就労スペシャリストのスーパーバイザーをすべきではない。スーパーバイザーはできれば他のスーパーバイザー業務を兼務しないのが好ましい（IPS プログラムのリーダーが例えば10人より少ない就労スペシャリストを指導しているとすれば，余剰の時間は他のスーパーバイザー業務に費やしてもよい。例えば，スーパーバイザーが4人の就労スペシャリストを受け持っている場合，彼のスーパービジョンに充てられる時間は彼の労働時間の50％と見積もることができる。すなわち残りの50％を他の業務に費やすことができると仮定する）。

・スーパーバイザーは週に1度スーパービジョンを行い，そこでクライアントの現状について意見交換をし，クライアントが労働のある人生を継続できるための新しい戦略やアイデアを見いだすことを支援する。

・スーパーバイザーは精神保健支援チームリーダーと連絡を取り合い，IPS プログラムが支援や治療に機能的に取り込まれているか確認し，もしプログラム遂行上の問題があればそれを解決するように努める。例えば，紹介の手続き，あるいは経過報告書を精神保健支援従事者に伝達する業務で生じる問題について解決策を講じることなどがあるが，何よりも働くことの価値を認め，支持する役割を担わなければならない。スーパーバイザーは精神保健支援チームの会議に年に4回程度参加するのが好ましい。

・スーパーバイザーは就労スペシャリストの業務に同行することもある。例えば，就労スペシャリストが新人である場合や，職場開拓で困難を感じている場合など。その場合，就労スペシャリストに月に1度程度同行し，彼らのスキルが向上するよう現場での動きを観察し，適切な対処法を示し，フィードバックを与えたりすることで彼らのスキルの改善を図る。例えば，就労スペシャリストが職場開拓のために雇用者に会うことがあれば，その場に同行する。

・スーパーバイザーはクライアントの目標達成状況を就労スペシャリストと共に見直し，プログラムによる支援の実効性を高めるための新たなゴールの設定を年に4回程度行う。

2）理論的根拠

必要な役割を果たすスーパーバイザーの存在が就労プログラムの成功の鍵となることは，National Evidence-Based Practice Implementation Project という全国調査でも証明されています。IPS スーパーバイザーは以下の条件をもれなく満たす者でなければなりません。すなわち，就労スペシャリストの指導者であること，就労リハビリテーション局との連携役であること，その団体の中で就労支援業務を遂行する中心人物であること，現場での出来事に焦点を当てたスーパーバイズを提供し IPS プログラムの質を改善する者であること，IPS 立ち上げ時の運営委員会の代表者であること，そして IPS プログラムの導入と継続性を確保するリーダーであることなど，複数の役割を担っています。

3）導入のヒント

スーパーバイザーの仕事内容を明確に文書化して設定するようにして

ください。そうすればスーパーバイザーを担当する人物は，その団体におけるIPSのエキスパートとしての業務に集中する時間を確保することができます。スーパーバイザーが就労支援のエキスパートであると同時にデイケアプログラムの責任者や精神保健支援チームのメンバー業務も兼任することは一般的には非常に難しいのです。

ウイスコンシン州Family & Children's Centerのプログラムディレクターである Vanessa Southworthは自らの経験を通じて以下のように述べています。「私たちがIPSを始めた当時，プログラムのスーパービジョンはもともと私と施設の臨床部のスーパーバイザーが同時に担う計画でした。もし同じことを今からするのであれば，私は迷わずIPSスーパーバイザーを1人雇用するでしょう。たとえ私たちが1人の就労スペシャリストからIPSを開始したとしても，私はやはり新しく1人のスーパーバイザーを雇用してその人物にも少数のクライアントを持たせるようにするでしょう。そうすることでそのスーパーバイザーはIPSに対してより高い情熱を注ぐようになるし，IPSについてもっと学びたいと思うからです。そういうスーパーバイザーを見て，また誰かがその後を追ってIPSモデルを実践しようと考え始め，IPSが発展していくのです。これは研究によっても証明されていることです」

IPSスーパーバイザーは少人数のクライアントを持つのが好ましいです。そうすれば今後も自身の就労支援における技術を発展，洗練させ，高いレベルを維持することができるからです。例えば，1人か2人の就労スペシャリストのスーパーバイザーであれば，スーパーバイザーは10人程度のクライアントを担当できます。一方，7人の就労スペシャリストを担当しているスーパーバイザーであれば，2名程度のクライアントを担当するのが適当と思われます。

良好なフィデリティを維持するためにIPSスーパーバイザーは10人を超えない就労スペシャリストを指導するべきです。しかし，もし就労スペシャリストの入れ替えが非常に頻回に起きるチームや，あるいはスーパーバイザーがまだ新任である場合であれば，スーパーバイザーが効果的に就労スペシャリストを指導したり，労務管理するには多く見積もっても6人か7人の就労スペシャリストが限度であると思われます。ですので，団体の人事部によっては，IPSチームを小さな2つに分け，2人のスーパーバイザーを配置することでIPSサービスの質を担保しようとすることもあります。

スーパーバイザーが指導にあたる際，各就労スペシャリストがどのようなサービスをそれぞれのクライアントに提供しているか，またそのサービスの提供頻度はどの程度であるかということを直接，具体的に聞くようにしてください。その際，提供されているサービスが効果的であり，また十分なものであるか常に評価してください。もし，あるクライアントが数ヵ月たっても明らかな進展を見せない場合は，就労スペシャリストに新しい介入法や支援を考えるよう促してください。グループ，または個別に就労スペシャリストをスーパービジョンするときにはいずれの場合においても，先週と比べて目標課題がどの程度進展したかをフォローアップするために必ずノートを取るようにしてください。

4）IPSの導入を妨げる共通要因

①スーパーバイザーが就労スペシャリストから上がってくる報告をうのみにする場合：どんな有能な就労スペシャリストであっても，彼らは自分の視点で出来事を評価するので，クライアントの現状報告の内容は必ずしも正確でないことがあります。そのためにもスーパーバイザーは就労スペシャリストと緊密に連携し，チームによって支援されているクライアントについて正確に知り，現状を評価しなければなりません。

②雇用者との関係を確立することに自信が持てない状況：すべてのスーパーバイザーが雇用開拓の経験を持っているわけではなく，スーパーバイザーの中には雇用者とのミーティングを支援チームも交えて行うことに自信を持てないものもいます。しかし，スーパーバイザー自身も新

しい試みを就労スペシャリストと共に行う中で，多くのことを学び続けるのです。このように実践を通してスーパーバイザーも学ぶ姿勢を示し続けることで，就労スペシャリストはスーパーバイザーも自分たちと同じように就労実現のために新しい課題に挑んでいると感じ，スーパーバイザーをより信頼するようになります。その結果，両者が共に雇用主との関係の構築の仕方について理解を深めることになるのです。こうしてスーパーバイザーも雇用者と定期的に会うことで自らのスキルを向上させていくのです。

③支援の成果を示す情報は正しく収集されているが，上手く活用されていない場合：IPS スーパーバイザーは，就労支援の成果（例えば，新規雇用の数，正規雇用に至ったクライアントの数あるいはパーセンテージ，IPS 支援終了後も就労継続をしている人数など）を就労スペシャリストと共に評価します。チームで得られた成果や介入方法を，もっと改善していくにはどうしたらよいか，チーム内で議論します。また，スーパーバイザーは個別に就労スペシャリストに会って業務目標を設定することもあります。例えば，以下のように話しかけます。

「ギャリー，あなたが支援しているクライアントの中で実際就労している人の数を次の4ヵ月でもう2名ほど増やしてみてはどうですか」

この例では，このような目標設定をギャリーに提案すると同時に，スーパーバイザーは実際ギャリーがそれを実現できるように具体的な支援を行います。例えば，彼女と一緒に雇用主に会いに行ったり，彼女のクライアントの好み・希望に沿った仕事は何かを一緒に考えてあげたり，雇用主のフォローアップのよりよい方法を一緒に考えたりするのです。

5）良好な IPS 導入例

フルタイムのスーパーバイザーは5人の就労スペシャリストからなるチームをマネージメントし，自ら IPS サービスを3人に提供しています。彼女は IPS のすべての業務のみに責任を持ちます。彼女は精神保健支援チームのミーティングに月に1回参加しますが，その時はその支援チームに割り振られた自分の就労スペシャリストと共に参加します。彼女は，そのミーティングで就労スペシャリストがどのような役割を担い，果たせるのか，実例を示しながら説明します。

もし必要があれば，スーパーバイザーは精神保健支援チームのスーパーバイザーと面会し，よりよい支援の統合を可能にする方策作りに協力します。スーパーバイザーは新しいスタッフが来れば雇用主との面会に同行し，そこでどのような会話をするのがよいのか実践して見せます。就労スペシャリストは週に1回の就労ユニットミーティングに参加し，グループスーパービジョンを受けます。そこでチーム目標を立てて取り組むのですが，同時に就労スペシャリスト一人ひとりは自身の業務目標も設定します。スーパーバイザーはIPSチームの支援活動の実績をチームメンバーと共に毎月，また3ヵ月に1回[注20]定期的に評価します。

注20　巻末資料「IPSパフォーマンス改善プラン」の項に示されているように，四半期毎に実績を調査，集計することは科学的根拠に基づいたIPS就労支援の質を維持するためには必須である。3ヵ月毎にデータの推移を見て，実績の改善プランを立てる。

組織：除外ゼロ基準

1）定義

働くことに興味のあるすべてのクライアントは，IPS による就労支援サービスにアクセスすることができなければなりません。例えば，薬物依存の有無，精神症状の程度，過去の暴力行為の既往，認知機能障害，治療経過そして風貌など，精神科の治療者が通常就労の可能性を判断する時に用いる基準は，IPS サービスへのアクセスの可否を決める基準とはなりません。この原則は IPS による就労支援サービスが始まってからも変わりません。就労スペシャリストは，クライアントが仕事を辞めてしまったときに，その辞めた理由とか過去何回仕事を辞めたかということは考慮に入れず[注21]に次の仕事探しを支援します。仮に就労リハビリテーション局がスクリーニングとしての判断基準を有していても，IPS を行う精神保健団体は誰かを除外するためにその判断基準を採用することはあってはならないのです。クライアントは公式，あるいは非公式な形，いずれにおいても適性判断はされません。

2）理論的根拠

支援スタッフはどの人が就労を実現できるか正確に予測することはできません。ただ，働くことに興味があることが就労の成功予測因子になることは，これまで多くの研究で証明されています。働きたいと思っている人は，働くためには超えなければいけない様々な障がいを克服する

注21　IPS では，就労継続も支援するが，クライアントの好みや特性と仕事内容のマッチングを重要視するので，離職やその回数は評価対象としない。むしろ離職理由を吟味することで，将来の就労支援に活用できる学びを得られるというポジティブな姿勢を重視する。

ことができます。そして就労スペシャリストは彼らのスキル，経験，好み，希望を考慮して，その特性に適合した仕事を紹介するように支援します。IPS の重要な基礎となる考え方は，どんな人でもその人が働きたいと思うのであれば IPS サービスにアクセスできるということです。

3）導入のヒント

精神保健支援従事者は，クライアントが働く上で有益になる情報を提供する役割を担う時もあれば，時にクライアントの働く意欲を削ぎ，失望させることもあることに留意しておく必要があります。それだけに，支援者に IPS の除外ゼロ規定，すなわちどんな条件があっても本人が希望すれば IPS にアクセスできるという規定について十分教育してください。そして支援者を励まし，彼らが支援・治療しているすべてのクライアントと就労の可能性について議論するように働き掛けてください。非常に活発な精神症状がある人，あるいは薬物依存を持っている人であっても就労ができるということを十分説明してください。過去に就労することはまず不可能だろうと思われた人が，就労を実現した例について支援スタッフと意識的に情報交換しましょう。治療者や支援スタッフに就労支援の経過の中で彼らがどのような役割を期待されているのか明確に伝えてください。

すべての支援スタッフにストレングスに基づいたアプローチを用いるように意識付けをしてください。たとえば，もし支援スタッフがそのクライアントが有している様々な問題に圧倒されている場合，その人物の強みや資源は何か改めて聴いてみるのもよいでしょう。

一方で，クライアントが自ら IPS プログラムに問い合わせができる方法も用意してください。例えば，IPS スーパーバイザーの電話番号が記載されているパンフレットなどを用意するのもよいでしょう。

精神科医や，薬物治療などにかかわるスタッフも，クライアントの就労に向けた議論に巻き込むようにしてください。特にチームミーティングの時に彼らに除外ゼロ規定について議論するように促してください。彼らに IPS プログラムへ直接紹介状を書くように奨励してください。

精神保健支援チームミーティングや就労ユニットミーティングの合間に就労継続に成功したケースの経過を紹介し，皆で讃え合うようにしましょう。もし就労継続が不調に終わった時には，支援スタッフを励まし，将来よりよい職場を提供できるためにも今回の経験からどんなプラスの学びを得たか話し合ってみてください。もし失職した場合，職を失った理由が何であれ，ただちに別の仕事を紹介してください。そして就労に失敗した時はそこから何を学んだかを議論し，そして次のチャレンジに向けて可能性の広がる言葉を手向けるように心掛けてください。

精神科治療スタッフは患者の有する就労に関連する技能について前向きな発言をし，就労への動機付けを行います。

4）IPS の導入を妨げる共通要因

①除外ゼロ規定の受け取り方が支援スタッフ間で異なる場合：IPS プログラムへの紹介状を注意深く観察し，ある特定の支援スタッフから依頼が来ないとか，ある特定の治療者からの依頼が少ない傾向があるかなど確認してください。就労を支援する必要性を，それぞれの支援スタッフにわかりやすい方法で，会話を通して教育してください。また精神保健チームのスーパーバイザーは，クライアントと会ったときにどのように就労について切り出すか実際の場面を活用して実演するなどし，精神保健支援スタッフたちの就労支援に対する動機付けを行います。

②精神保健支援従事者が就労によって好ましくない結果が生ずることを心配している場合：働くことで精神症状が悪化するとか入院の確率が増加するというマイナスの結果を生むことにはならないというデータがこれまでの研究からたくさん蓄積されているので，支援従事者とその情報を共有してください（www.dartmouthips.org にアクセスし About

IPSを選択する)。精神保健支援チームに現在就労をしている人のリストを作成するよう依頼してみてください。そして以下のように議論を始めてみてもよいでしょう。たとえば以下のように質問を投げかけてみてください。「あなたたちのチームで支援しているクライアントの中で働いている人がそうでない人よりも症状が不安定でしょうか？」「今働こうとしている人に，あなた方のチーム（精神保健支援スタッフと就労スペシャリスト）は，どのような支援が提供できるでしょうか？　考えてみてください」「あなた方のチームは，働くことは精神症状の安定に役立つと考えますか？」「働くことは，人々が薬物やアルコールを使用することを減らすのに役立つと思いますか？」

5）良好なIPS導入例

ある精神保健支援チームでは，すべてのクライアントに働くことによって得られる利益について話す機会を持つようにしています。そのチームのスタッフは以下のように言いました。「私はすべてのクライアントに対して，誰でも働くことはできるし，働くことの決定はすべて皆さんにあるのだと話します。もしある方が働くことに今興味を示さないのであれば，私は働くというテーマを繰り返し話題に出していきます。私は就労を強要するものではありませんが，就労について短い会話ができるチャンスをいつも探しています。私は，もしその方が孤独を感じているとかお金のことを心配していると言えば，会話の中で働くことを提案の一つとして取り上げることもあります」。

良好なIPSの導入を体験した精神保健支援スタッフは，就労はよりよい精神保健，精神衛生を獲得することに大いに貢献すると信じています。そのスタッフは以下のように述べています。「働くことで人々はとても気分がよくなります。ある人はアルコールを飲むことに対してより自制心を保つことができるでしょうし，ある人は自分の症状をうまくコントロールすることができるようになるのです。それも彼らは今の仕事を失いたくない，続けたいと強く希望するからこそできることなのです」。

IPSチームは就労に興味のある人は誰でも受け入れ，そして彼らの症状の程度，薬物乱用の程度，内科治療の遵守率あるいはその他諸々の要因とは関係なく，常に同じ質のサービスを参加したすべての人に提供するのです。

もし仕事を辞めた時には，就労スペシャリストはその状況がどういう状況であっても直ちに次の仕事を探す支援を提供します。すべての支援スタッフはそのクライアントが今回仕事を失ったことから何を学んだか，そしてそれを活用することによって次の仕事に就く可能性が高まるのではないかというような前向きなメッセージを互いに共有します。ある支援スタッフは以下のような前向きな発言をしました。「私は自分のクライアントに『今私たちはとても重要なことを学びました。何を学んだかというと静かな環境であれば，あなたはより集中力を高めて働くことができるということです』と話しました。私はそのクライアントに『自分も以前自分に合っていない職についてその職を失ったことがある』と話しました。そして多くの人が同じ経験をしているということも話しました」。

もう一つの良好なIPS導入例として，IPSへの紹介状が多様な団体，部署から届き，クライアント自らIPSに直接アクセスし，支援を開始する手段を持っていることがあげられます。

組織：組織の一般就労への意識づけ

1）定義

支援組織は様々な方法を用いて一般就労を働きかけます。動機付けの方法として就労に関するアンケートによる意識調査も活用されます。支援組織は書面（例えばパンフレット，掲示版，ポスター）を掲示することで就労や就労支援サービスについて啓発を行います。その掲示物の中で，重篤な精神疾患をもつ成人に対してその支援団体が提供している一般サービスを提示しながら，そのなかでの就労支援の位置付けについて強調するようにします。支援団体は，クライアントが自らの就労に関する体験を他のクライアントやスタッフと共有する場を提供するように心掛けます。支援組織で雇用率をモニターし，その情報をその組織のリーダーやスタッフと共有するようにします。

2）理論的根拠

長期間仕事に就いたことのない人は，満足できる仕事に就ける自信をすでに失っていることが多いです。何年も無職でいることで，ある人は自分自身が労働者あるいは仕事ができる人と考えなくなっています。それだけに，働くことを勇気づけるための様々な方策が必要です。もちろんすべての人が働くことを決心するわけではありません。働くことを励ます取り組みの目的は，むしろクライアントにより多くの選択肢を提供することにあります。

3）導入のヒント

精神保健支援スタッフは，毎年クライアントから聞き取りをし，支援プランその他の文書を作成しますが，聞き取り調査表の質問事項に就労に興味があるか問う項目を含むように促してください。例えば以下のような質問を含むとよいでしょう。「あなたは働くことについてどのようにお考えですか？」「何があなたの就労を妨げていますか？」「あなたはどうしたら働けるようになり，同時に障がい者支援を維持できるか知りたいと思いますか？」「あなたは障がい者支援を申し込むよりも，むしろ働く方を選びますか？」「あなたは，再び仕事を始めることを支援するサービスがあればその内容について知りたいと思いますか？」。このような一定の内容を含んだ形式化した質問を質問用紙に含むことにし，誰もが前向きな観点から仕事について問われる機会を持てるようにしてください。

施設内の一般市民に公開されている掲示板に就労支援について情報を掲示してください。それに適したポスターはウェブサイトのwww.dartmouthips.org.にアクセスし，Program Toolを選択することでダウンロードできます。IPSサービスのパンフレットを提供すれば，人々はその場で働くことを考えるようにもなります。多くの団体は，IPSサービスによって支援を受けた人がどんな仕事に就労したか，掲示板に張り出しています。

就労に至った経緯をスタッフやクライアントと共有するように努めてください。人々が自分たちの仕事について話すのを聴くこと自体が，支援スタッフが働くことの価値を再認識し，就労能力のある方が前向きな気持ちになるとてもよいきっかけになります。働いている人にチームミーティングやピアサポートグループ，会議，あるいはその団体全体で行われるイベントや治療者グループの前で自らの就労経験について話してもらうように依頼してみてください。あるいはどのように彼らが仕事に復帰できたかを書いてもらい，それをその団体のニュースレター，年間報告書，あるいは待合室に置いてある配布物に掲載してみてください。

“取り組みの結果を集計して知ることによってのみ，充実した支援サービスが提供できる”ということを心に留めてください。どれだけの数の人が就労を実現できたかという情報を団体の事務局や支援スタッフに随時提供することで，就労を実現する人の数を増やそうという機運が団体内で高まります。単にIPSプログラムに参加している人の数だけではなく，その支援団体で他のサービスも受けている人もすべて含んで，重度の精神疾患を患っている人がどのくらいの割合で一般就労に就くことができたかを計算してください。支援スタッフや事務局のスタッフが集計時に同じ定義を用いていることを十分確認してください。

4）IPSの導入を妨げる共通要因

①就労に関係するすべての取り組みに対してIPSスーパーバイザーが責任を負う体制をとる場合：団体のリーダーによっては，IPSスーパーバイザーにあらゆる就労に関係する取り組みをリードしてもらいたいと期待することがありますが，1人の人物がその団体の文化を変えることは難しいのです。経営サイドのトップの人物が，そのプログラムの導入と継続に自主的に貢献していく体制を取らなければなりません。

団体のリーダーは支援提供者の意識を変える中心的役割を担います。

②新しく導入されたばかりで，まだIPSプログラムによる就労実現者がいない場合：新しいIPSプログラムのスーパーバイザーは，就労に至る経験談を他の人と共有できるような就労中の人物を知らないこともありますが，精神保健支援スタッフたちはおそらく自らの就労経験を喜んで語る人を幾人か知っているでしょう。そういう人を紹介してもらい，成功体験を共有することで就労実現までの経過を共有することができます。

③就労関連のデータが共有されていない場合：団体のリーダーは就労に関係するデータを収集しても，そのデータをその団体の支援サービス従事者と共有することに無頓着な場合や，そのデータをより高い雇用目

標を設定する時に利用することに考えが及ばないことがあります。団体のリーダーとマネージャーは積極的に就労率をモニターし，その傾向について議論し，就労率を高める方策について議論するように強く心掛けねばなりません。すべての支援サービス従事者は，現在の一般就労率，そしてその団体の就労に向けたゴールについて常に情報提供されているべきです。

5）良好な IPS 導入例

聞き取り調査票や年間治療プラン表に，形式化した就労に関する興味の有無を問う質問をいくつか含めるようにしています。就労に関するポスターは建物の公的なスペースに掲示され，ロビーには IPS プログラムのパンフレットが置かれています。施設のニュースレターには就労している人にまつわる話が掲載され，就労している人に年に４回くらいの頻度で支援グループのミーティングで自らの体験談を話してもらう機会を設けたりしています。その支援施設では年に４回の頻度で，重度の精神疾患を有する人で一般就労を実現している人の割合を継続的に測定しています。一般就労を実現することがこのプログラムの焦点であるので，一般就労以外の仕事（例えばボランティアとか，保護的環境での就労）をしている人はこの場合数えません。施設の受付窓口に設置された掲示板（クライアントと施設のスタッフ両方に閲覧できる）に過去３ヵ月ずつ測定した４期にわたる就労率を示した大きなグラフが掲示されています。

まず，患者やその家族は，その団体で IPS サービスが提供されていることを知らされます。そして，支援スタッフから就労に挑戦する勇気をもらい，他のクライアントから働くことの重要性について聞く機会が増えたとしばしば言うようになります。

支援スタッフはその団体の理事や上層部のリーダーが，就労について非常に強く意識するようになったと報告します。支援スタッフたちは，リーダーがその団体にとってなぜ就労支援が重要であるか話すのを聞いた経験を多く持っています。支援スタッフは，重度の精神障がいを有する成人の現在の就労率を述べたり，データを引用することができます。

精神保健支援スタッフは，もし治療しているケースの中に働いている人がほとんどいないときには，スーパーバイザーにそのケースを閲覧してもらい，どのケースが仕事に興味を持つだろうか一緒に協議することがあると言います。現在働いている人は，精神保健支援チームミーティングに年に4回程度参加し，彼らの経験談について語り，情報共有しています。

組織：経営幹部による就労支援事業の支援

1）定義

団体の幹部メンバー（理事，理事長，事務部長，品質管理責任者，経理部長，臨床部長，人事部長）はIPS事業の導入，そして継続を強く支援するために機能します。

- 理事や臨床部長は科学的根拠に基づいた就労支援の原理について知識を有します。
- 取り組みの質の検定業務は，IPSプログラムの内容と構成要素について開始から少なくとも6ヵ月毎にフィデリティ評価尺度（Supported Employment Fidelity Scale）を用いて厳密に評価されるべきで，十分なフィデリティが獲得されれば年に1度の評価へ移行します。支援団体全体のサービスの質の評価にはこのIPSフィデリティ評価の結果も含めるようにし，IPSのよりよい定着と継続のためにも活用します。
- 少なくとも経営幹部の1人はIPS実行委員会に積極的に参加し，すでに高いフィデリティに達している場合は，ミーティングは6ヵ月に1回，まだ十分なフィデリティに達していない場合は少なくとも3ヵ月に1回の頻度で行われるべきです。IPS実行委員会は多職種から決定権を持つ人が集まり構成され，フィデリティやプログラムの導入経過，サービスの提供方法などを評価する責任を持ちます。委員会は実行計画を文書で作成し，高いフィデリティを実現し，継続するための目標を明記します。
- 団体の理事長は，IPSサービスがその団体の任務全体にどのように貢献するのか全スタッフに説明し，IPSあるいは一般就労のゴールはいかなるものかを導入初期6ヵ月，そして以後は最低年に1度は言及し，周知します（例えばIPS開催時，全体会議，団体のニュースレターなどで）。この業務は他のスタッフが代行してはいけません。

・IPSのプログラムリーダーはIPSによる就労支援事業の障害，あるいは促進要因について経営幹部（例えば，理事長など）と少なくとも年に2回は情報を交換するべきです。経営幹部は，プログラムリーダーが障壁は何で，解決策は何か見出せるように支援もします。

2）理論的根拠

IPSのような科学的根拠に基づいた実践の導入の成功は，強いリーダーシップに大きく依存することはNational Evidence-Based Practices Project研究によって示されています。

3）導入のヒント

団体のリーダー級メンバーの役割には，IPSによる就労支援が他の就労アプローチとどのように違うかを学習することが含まれます。学習教材の取得方法はwww.dartmouthips.orgを参照してください。

業務の質の評価過程にIPSフィデリティを必ず含むようにします。フィデリティの総合スコアと同時に，良好なフィデリティに達していない各項目を継時的にモニターして（スコア値が1～3点のものなど），フィデリティを改善するための目標を作成しましょう。

IPSのスーパーバイザーを少なくとも年2回は，団体の理事長が参加している理事会に招き，そこでプログラムの成功と課題について話すように依頼しましょう。その会議でよりよいIPSの導入と継続のための課題解決を支援します。

団体の長の役割として，なぜ一般就労が重要であるか，あなた自身の考え方をスタッフと共有しましょう。精神保健支援チームに時々参加して，すべての支援スタッフに就労に注目するよう励ましてください。

IPSチームミーティングに参加して，彼らがしている仕事内容を学んだり，あなたがどのようにそのIPSの実践をサポートしようとしているのかを伝えましょう。IPSの成功例をその組織のスタッフや幹部と共有し，どのように就労支援がその団体のミッションに適合し，ミッションにとって重要なのか，組織のマネージャーやスーパーバイザーと議論してください。その団体全体のクライアントの就労状況，就労実現者の数あるいはIPSプログラムを経て就労を実現したクライアントの数を3月に1回は確認しましょう。

4）IPSの導入を妨げる共通要因

①導入活動が経営幹部に十分承認されていないこと：理事などの経営幹部はIPS導入を支援する必要があります。例えばIPSスタッフが就労リハビリテーション局カウンセラーと関係を構築しようとするとき，団体の理事長やそれに準ずる幹部がその地区の就労リハビリテーション局スーパーバイザーとまず会って説明を加えることが大きな助けになります。その会合を経ることによって，立ち上げに際して生じた問題を解決することもできますし，各施設のリーダー同士がよりよい協力体制を構築するきっかけにもなります。時に，理事会がIPSを含んだ精神保健支援チームを再構築したり，就労スペシャリストのポジションを創設する資金援助の決定をする重要な働きを担います。

②IPSスーパーバイザーが理事会などの幹部会で話す機会がない場合：組織のリーダーは，理事会などでわざわざIPSスーパーバイザーに直接会う必要はないと考えることがあります。というのも，彼らはIPSプログラム全体を見て把握している管理者と他の場で話し合う機会がしばしばあるからです。それでも，理事会では，少なくとも年に2回はIPSスーパーバイザーから現状報告を受けることを強く推奨します。スーパーバイザーこそが最も正しく，現在直面している問題は何か，そしてこれまで何を試みてきたか，そして今どんな援助が必要なのかを説

明することができるからです。

③IPS運営委員会の活動が活発でない場合：プログラムが良好なフィデリティを維持するレベルに達した後は，運営委員会の活動を継続することがしばしば困難となります。委員会のメンバーにその継続の必要性についてしっかり確認しましょう。会議に向けて十分な準備をし，プログラムのデータを必ず紹介し，設定した目標の実現に向けた活発な議論を誘発するように努めます。会議に活用できるIPSプログラム導入後の年間報告書のサンプルは「IPSプログラム年間実績報告書」の項にて参照できます。

5）良好なIPS導入例

理事長や臨床部長はIPSが科学的根拠に基づいた効果的な実践であることを熟知しているので，IPSの導入は投資する十分な価値を持つ事業だと考えています。彼らはIPSの実践理論を詳細にすべて論じることはできないまでも，少なくともIPSが地域における一般就労を目的とし，必要があれば直ちに支援を開始し，支援に期限を設けないものであることは理解しています。理事会はIPSの導入初期の段階で，用務員が行うような作業をトレーニングの一環として採用している部署の閉鎖を決定しました。その支援方法はIPSの理論と相反するものであることを理解しているからです。その団体の理事長は年に2回IPSのチームミーティングに参加し，どのように彼らが働いているかを学ぶようにしています。そのミーティングの後に理事長は，IPSスーパーバイザーと臨床部長（その人物がIPSプログラム全体をマネージメントしている場合）に直接会って，そのプログラムの成功と現在直面する問題点について議論します。理事は，年2回はIPS運営委員会に参加します。もし理事がIPSサービスを受けたい人の順番待ちリストが膨らんでいることを聞けば，自ら経理部長等と話し合いを持ち，新しい就労スペシャリストのポジションを創設するように働きかけます。

サービス：保障制度を熟知した就労奨励プランニング

1）定義

どのクライアントも新しい仕事を始めるとき，あるいは就労時間や賃金の変更を伴う時には，個々人に合わせた集約的な就労奨励プランを提供されます。就労奨励プランの中には，社会保障年金，医療保障，医療・処方薬のための補助金[注22]，居宅補助金[注23]，食品引き取り券[注24]，扶養控除，失業手当，その他すべての収入が盛り込まれます。そのクライアントが受け取っている保障の種類によって，社会保障事務局，公営住宅プログラム[注25]，退役軍人協会（復員軍人庁）プログラム[注26]等に確定申告しなければならないので，その関連情報や手続きの仕方について援助をします。

注22　Medication subsidiesと呼ばれる低額所得者のための処方箋薬の補助金制度。特定の処方薬に対して，メディケア（高齢者および障がい者向け公的医療保険制度）加入者などに適応される。

注23　政府，州による居宅支援制度。住宅ローンの利子減額，低額所得者向けの物件の提供，公営住宅の提供，家賃の一部公費負担などがある。例えば，民間借家に居住する低所得者に対して家賃の所得に占める割合が一定を越えた部分に家賃補助を行う。

注24　2008年よりSNAP（補足的栄養支援）に名称変更。連邦政府が低所得者世帯に対して食料購入に使用できる一種のクレジットカードを支給し，カードの持ち主がそのカードで買い物をすると代金が本人のSNAP口座から引き落とされる仕組み。

注25　低額所得者，高齢者，障がい者向けに提供される，低家賃の公営住宅。収入によって入居できる権利が決定される。地域住宅公社，住宅都市開発省（HUD）の指導のもと，各州の法律に基づき地方自治体単位で設置されている。運営は地方自治体とは独立した組織によって行われるが，設立には地方自治体の認可が必要になる。

注26　Veteran's Benefit Administrationといわれるこの機関は，退役軍人に対する福利厚生や障害保障全般を管理している。退役軍人向けの就労，保険，年金，教育，住宅ローン，職業リハビリテーション，遺族給付，医療給付なども行っている。サービスには退役軍人に優遇されたものが多く含まれるが，中には所得によってその条件が影響を受けるものもある。

2）理論的根拠

仕事を探している，あるいは現在働いているクライアントが就労の是非について最終決定するためには，彼らの現在置かれた経済状況について詳しい情報が必要となります。多くの人が障害年金を失うことを怖がって就労を拒んでいたり，一方で十分な賃金を得て障害者支援から脱却したいと思っている人もいます。それだけに，就労することが各クライアントの経済状況にどのような影響を与えるか，総合的で集約的な情報を持っていることが重要となります。

クライアントは個々の状況に応じた正確で集約的な情報を求めています。

多くのクライアントは，保障制度の一般的な規則について興味がないので十分な知識を持ち合わせていません。社会保障を受けているすべての人は，収入のレベルに応じて得ている保障の取得資格がどのような影響を受けるか，そして同時に総収入がどのような影響を受けるかについて正確な情報が与えられなければなりません。

3）導入のヒント

保障の相談業務は一般の人が考えている以上に複雑で，支援スタッフは意図せず就労や社会保障について間違った情報を共有していることがあることに留意してください。必要に応じて十分なトレーニングを積んだ保障制度のプランナー，すなわち最新の障害年金や就労に関する補償制度について集約的な情報を提供できる人を探しましょう。米国では，十分なトレーニングを積んだ保障関連のプランナーには，例えば1週間のトレーニングを積み，さらにその後制度の改変を常に学習しているコミュニティーワークインセンティブカウンセラー（CWIC）に承認された人たちが含まれます。CWIC トレーニングはヴァージニアコモンウェルス大学で提供されています。詳細は以下のウェブサイトにアクセスしてください。

http://www.vcu-ntc.org/training/cwic.cfm

保障プランを作成する時に，考えられる選択肢について就労リハビリテーション局カウンセラーと協議してみましょう。彼らはある種の保障についてはそれを承認する権限を持っているため，特定の保障に精通しています。

就労者が自分の収入を保障関連機関（社会保障局，居宅支援関連事業など）に申告する援助をしましょう。援助は様々で，申告手続きの方法だけ知りたい人，申告期限を前もって通知して欲しい人，現場で席に着いて1つ1つ申告方法について指導して欲しい人もいるでしょう。就労スペシャリストは，クライアントが自力で申告をできるだけの支援体制を身近に持っていることが確認されるまでは，収入の申告をしっかりと援助する必要があります。

働いているクライアントに確定申告書の作成方法を知っているか確認してみるとよいでしょう。米国では無償の確定申告書作成の援助を，例えばその人の年間所得，障害の有無，年齢，あるいは英語の能力に応じて受けることができます。そのプログラムはVolunteer Income Tax Assistance（VITA）と呼ばれ，その情報はwww.irs.govにて得ることができます。ケースマネージャーが確定申告に必要な書類集めを助け，VITAに予約を取って同行することもあります。

Benefit counselor（保障制度相談員）に，賃金に応じてどのように保障と総収入が影響を受けるか，2つ以上のシナリオを作成し，クライアントに文書として手渡すように依頼しましょう。

4）IPSの導入を妨げる共通要因

①1つの保障制度の情報のみ提供されている場合：保障を2つ以上の制度から得ている人は多くいます。例えば障害保障，居宅援助，食品取

引券，退職給付金（年金）などです。1つの保障の区分が変更されることで，他の保障も影響を受けることがあります。さらには，クライアントの障害によって収入を得ている配偶者や子どもたちの金銭状況はそのクライアントが仕事を始めることで影響を受けることもあるのです。それだけに，保障制度のプランニングをするときにはすべての資格付与事項をもれなく確認しておかなければなりません。

就労がすべての収入源にどのような影響を与えるか，クライアントが十分理解するよう支援してください。

②保障制度相談員を紹介されたが，クライアントが相談日に現れない場合：就労スペシャリストは，保障制度相談員に紹介されたすべてのクライアントをフォローアップし，彼らが確かに予約時間に相談員のオフィスに来たか，そしてそこで得た情報を理解しているかを確認しなければなりません。もしあるクライアントが約束の期日に現れていない，あるいは与えられた情報について十分理解するには援助が必要と判断された場合には，就労スペシャリストはそのクライアントがもう1度相談員と面会できるようにスケジュールを取り直し，そして必要があれば同行する許可を事前に取っておくのが好ましいでしょう。別の選択肢として，家族によってはカウンセリングに参加する時間が取れ，また参加することに興味がある人もいるので，その場合は同行を依頼してもよいでしょう。IPS スーパーバイザーは，ほとんどすべてのクライアントが保障プランニングを適切に受けていることをモニターすべきです。

③就労している人が確定申告の援助を受けていない場合：就労スペシャリストは，仕事を始めたすべてのクライアントに確定申告を援助するサービスを提案します。必要な援助の種類は各クライアントによって異なります。

④保障制度を考慮に入れた就労奨励プランニングが仕事を始める前のみ提供されている場合：働いている人は就労奨励プランニングをいかな

る時でも受けられるようにしておくことが好ましいでしょう。例えば就労を始めた時だけではなくて，昇給した場合，就労時間が変更になった場合，仕事を変えた時，あるいは仕事を辞めた時など，収入が変化する時にはプランニングを再度作り直した方がよいでしょう。

⑤支援者が間違った情報を提供する場合：精神保健治療者あるいは就労スペシャリストは，意図せず間違った情報あるいは不十分な情報を提供することがあります。その弊害を避けるため，支援スタッフはあえて自分からの情報提供を制限することもあります。例えば以下のように言ってもよいでしょう。「ほとんどの人は働くことで経済的にはよくなっていますが，より詳しいことを知るために十分トレーニングを積んだ保障制度のプランナーを紹介しましょうか？」

5）良好な IPS 導入例

XYZ 精神保健団体では精神保健支援スタッフは，ほとんどの人は働くことで経済的な利益を得ることができるという統一した見解を共有しています。もしある人がもっと詳しいことを知りたいと希望すれば，精神保健支援スタッフはその人を直接 CWIC に紹介します。もしある人が働くことを非常に強く希望する場合は，その人物を IPS プログラムと CWIC に同時に紹介するようにするでしょう。

XYZ 精神保健機関のあるスタッフは CWIC の資格を得るためにトレーニングを終了し，その後も資格付与に関する新たな条件の変更を常に学び，活用できるようにしています。彼女は，新しく IPS に紹介された人，就労条件をこれから変更しようとしている現在働いている人，あるいは働くかどうか検討中の人，いずれの人にも会って助言を与えます。彼女はまた，就労リハビリテーション局で支援されているクライアントにもその精神保健機関と就労リハビリテーション局の間でサービス提供契約書を交わした上で，カウンセリングサービスを提供し，これによって CWIC のポジションを維持するための保障を就労リハビリテーション局から獲得することもできます。カウンセラーはそれぞれのクライアントに給与レベルに応じて最終的な所得がどのようになるかが書かれた文書も作成し提供します。

クライアントが就労を始めた後，就労スペシャリストは確定申告の援助を提案します。ある人はCWICから得た所得情報に基づいて確定申告書を作成する手順のみを知りたいと希望するでしょうし，ある人は初めての確定申告なのでその手続き全般を助けてほしいと希望することもあるでしょうし，またある人は確定申告が遅れないようにその時期になったら知らせが欲しいと希望することもあるでしょう。また，就労スペシャリストあるいは将来的には精神保健支援スタッフに付き添ってもらい，現地で確定申告書を作成し，空欄を埋める作業を指導して欲しいと希望する人も少なからずいるでしょう。

サービス：情報開示

1）定義

就労スペシャリストはクライアントに正確な情報を提供し，本人自身が雇用主（もし存在するならば）へ障がいに関してどの程度開示するか決定するように以下のように援助します。

・就労スペシャリストは，クライアントが職場で彼らの精神科的な障がいについて開示しない場合でもサービスを提供することを伝える。

・就労スペシャリストはクライアントに個人情報を公開する前にそれをすることによって，どのような問題と利益が生じうるか話し合う。就労スペシャリストは個人情報を公開することがクライアントの希望する援助，そして雇用主と就労スペシャリストの交渉にどのような影響を与えるか，クライアントに説明する。

・就労スペシャリストはクライアントとどの特定の個人情報を公開するか（たとえば精神科治療を受けているとか，精神障がいがあるとか，不安による問題が存在するとか，相当な期間雇用されていないなどの情報）をクライアントと議論し，どのような説明を実際に雇用主にするのか，その話し方の例をいくつか紹介する。

・就労スペシャリストは，個人情報の公開の仕方について２度以上はクライアントと議論する機会を持つ（例えば，クライアントが２ヵ月経っても就労できない場合，あるいはクライアントがその職場である困難を抱えているときなど)。

2）理論的根拠

IPS では就職に影響する可能性のある個人情報を雇用主に公開するか

ということも含め，常にクライアントの意向を最大限尊重する立場を堅持します。多くの求職者は精神障がいへの偏見を危惧しているし，日常の営みの中で自らの障がいを意識すること自体嫌う人もいます。求人の申し込みをするときや就労支援を受ける時に，就労スペシャリストから雇用主へ障がいを考慮した配慮が得られるように働きかけてもらうことを喜ぶ人もいます。そのため，就労スペシャリストは，まずクライアントが取り得るすべての情報開示のオプションについて考えるよう促し，一たびクライアントが選択した時には，それを尊重し従うことを支援の基本方針とします。

3）導入のヒント

「キャリアプロファイル」（巻末参照）の中に，障がいに関する情報開示をいかにするか検討する項目を設けましょう。情報開示についての議論は多面的な要素を含んでいるので，このフォームを使うと，就労スペシャリストが情報開示に関して必要な事項を漏れなく確認する手助けになるでしょう。

IPS スーパーバイザーは，就労スペシャリストと情報開示についてクライアントと話し合う場面をロールプレイしてみましょう。IPS スーパーバイザーは，就労スペシャリストとクライアントが職場でどのように情報開示をするか話し合っている場に同席してもよいでしょう。IPS スーパーバイザーは就労スペシャリストの見解が前面に出ることなく，仕事を探しているクライアントの意見が率直に話し合いの中で出せるような会議の進行を演じてみてください。IPS スーパーバイザーはグループあるいは個人的なスーパービジョンを行う時に，クライアントの情報開示に関わる希望は何か尋ね，情報開示について最近いつ話し合われたかも確認しておきましょう。必要に応じて，スーパーバイザーは就労スペシャリストに仕事を探している，あるいはすでに仕事に就いているクライアントに情報開示について再確認するように促してみてください。

職場で個人情報を開示することを推奨したり，あるいはしないように説得することは決してしないようにします。その代わりにクライアントに，情報を開示した時に彼本人にどのような利益があるか，またどのような不利益があるかについて考えるように援助しましょう。クライアントに，もし希望であればまず最初はほんの少しの個人情報だけを開示してみて，それから時間とともにもう少し多くの個人情報について開示するかどうか決定する方法もあることも伝えましょう。

4）IPS の導入を妨げる共通要因

①就労スペシャリストが個人情報の開示に関して特定の提案をする場合：就労スペシャリストが雇用主との関係を構築することに不安を抱いているような場合，彼らは無意識のうちに求職者に個人情報を開示しないように誘導してしまうことがあります。というのも，そうすることで就労スペシャリストが直接雇用主と接触する必要がなくなるからです。このような場合，スーパーバイザーは，就労スペシャリストが雇用主と面会する場に同行しアドバイスを与え（「組織：IPS 就労支援スーパーバイザーの役割」を参照），就労スペシャリストが雇用主との関係を構築するスキルに自信を深めるよう指導しましょう。

就労スペシャリストの中には，情報開示をすればもっと早い就職を実現する支援ができると信じている人もいます（情報開示することで就労スペシャリストが雇用主に助言を与え，積極的に支援をできると考えるからです）。しかし，たとえクライアントが個人情報の開示を望んでいない場合でも，就労スペシャリストはクライアント個人のことは一切話さなくてもその職場の環境や雇用の条件を独自に訪問して収集できるのです。就労スペシャリストは，このように自分が知り得た職場の情報をクライアントに提供し，クライアントが個人的に採用申し込みをすることができるのです。雇用主が職を探している人に会いたいと言っている場合，クライアントが特定の雇用主にだけはIPSプログラムを利用していることを話してもよいと言えば，就労スペシャリストはその雇用主の意向をクライアントに提供することもあります。

②障がいを開示することの利益と不利益に関して就労スペシャリスト自身の見解を述べてしまう場合：就労スペシャリストは個人情報の開示について考えられるよい点，悪い点について自らの意見を述べるのではなく，各クライアントが障害を開示することで何を望み，そして何を心配しているかということを十分理解するように努めなければなりません。

5）良好なIPS導入例

例1：IPSスーパーバイザーは，そのチームで支援しているクライアントの70％は情報を開示することを選択すると報告しています。そのチームは情報開示についてクライアントと話し合う時には，ある特定のワークシートを用いています。経過記録ノートには就労スペシャリストが必要時，個人情報開示について一度ではなく複数回議題として取り上げるように明記されています。クライアントが情報開示することを望まないときには，職業選択や就職後のサポートについてまだ他に多くの支援が提供できることをしっかり伝えます。

例2：ザビエルは障がいを開示することを職探しの最中は希望しませんでした。というのも，彼は差別されることを恐れたからです。しかし彼がレストランでウェイターとして働き始めた後，多くの人が集まる職場で仕事をしている時にはいつもよりももっと自分を責めるような声，すなわち幻聴が聞こえることに気付きました。そして彼はレストランの表よりもむしろ裏方で働きたいと思いました。彼は彼の就労スペシャリストに職場配置の変更の申し出を援助してほしいと依頼しました。そこで2人は彼が開示したくない情報について話し合いました（例えば病名，内服治療，そして彼の詳細な精神症状について）。そして就労スペシャリストは，上司に以下のように説明することを提案しました。

「ザビエルはこれまで広い公共の場所で働いた経験がなくて，人混みの中で働くことがとてもストレスになるのに気づいていなかったようです。でも彼はあなたのところで働くことを本当に楽しんでいて，これからもこのレストランで働きたいと言っています。ですからもし許されるのであれば，ウェイター業務ではなくて，むしろキッチンの方で働けたらなと言っています。実はザビエルはそのような経験もあって……」

サービス：就労支援の過程で継続的に就労アセスメントを行う

1）定義

就労アセスメントは，最初の数回の面接で行われますが，一般就労を実現してもクライアントが就労経験を積むたびに再評価を繰り返します。クライアントの好み，経験，スキル，現在の適応状況，ストレングス，連絡先などの情報を含むキャリアプロファイル（巻末参照）は新しい就労経験を積む度に更新されます。職場環境や支援の評価を行いながら，常に問題解決に視点を置いたアセスメントを行います。アセスメントにはクライアントの個人情報，治療チーム，カルテ情報，そしてもしクライアントの許可が得られれば家族や以前の雇用主からの情報も含まれます。

2）理論的根拠

IPSでは，クライアントは，まさに一般の人がするのと同じく，自らのストレングス，好みを就労継続を通じて学び発見します。IPS研究は，従来の就労アセスメント，例えば短期間就労訓練や用紙を用いた就労能力テストなどはクライアントが就労に成功するかどうか正確に予測できないという結果を示しています。

就労アセスメント（キャリアプロファイル）は個々のクライアントの就労に向けたプラン作成に役立ちます。以前の就労経験を考察することで就労スペシャリストや求職中のクライアントはどのような就労支援が必要でどのような仕事がクライアントのストレングスを最大限に発揮させ，以前起きた問題を繰り返す危険を最小限にとどめるかを考える手助けになります。さらに，キャリアプロファイルを作成することは，就労スペシャリストが職種，就労時間，職場の位置，就労サポート，家族の介入などについて，クライアントがどのような希望を持っているか学ぶ手助けになります。

3）導入のヒント

集約的な十分な情報を含んだキャリアプロファイルを作成しましょう。そうすれば，就労スペシャリストはクライアントについてより深く知ることができ，さらに重要な情報をもれなく記録できるでしょう。キャリアプロファイルフォームの実例は巻末を参照してください。

他の就労アセスメント，例えば就労トライアウト[注27]（job tryouts），場面設定法[注28]（situational assessments），または用紙を用いた就労能力テストなどを，誰が現在就労できる準備が整っているか，あるいはどんな種類の仕事がその人物に合うか評価するために用いることは避けてください。

ここで紹介した継続的な就労実践を通して就労アセスメントをするというやり方の理論的根拠について，就労リハビリテーション局カウンセラーとも協議しましょう。彼らに適切な就労支援，すなわち実践の中で必要に応じて適切な支援が提供されるという支援形態，それから職場環境，そしてスーパービジョンがクライアントの就職を成功させる非常に重要な要因であり，これらの要因を旧来の就労能力アセスメントで評価することがいかに困難であるかを説明しましょう。

4）IPSの導入を妨げる共通要因

①キャリアプロファイルが就労スペシャリストとの第1回目の面接で

注27　雇用前に試験的に職場で体験的就労を行い，雇用者の評価を得る方法。米国では多くの民間企業が斡旋もしている。

注28　職業の適正評価の一つで，就労が見込まれる職場に類似した作業環境で擬似的に作業を行い，技能を評価する。近年は，ジョブコーチによる職場訪問を活用し，実際の現場で同様な評価を行うことが多い。

完成されてしまう場合：キャリアプロファイルを焦って作成するよりも，仕事を探しているクライアントにとって何が重要であり，そのクライアントが過去どんな就労経験を積んだか学ぶことに十分な時間を費やしてください。フォームを完成することよりもそのクライアント自身に注意を向けます。ほとんどのクライアントの場合はそのプロファイルの作成に数週間を費やします（もしある人が直ちに職探しを始めたいと強く希望している場合は，その希望に沿うようにまず動きましょう。そしてその後，その人物について知る都度，新たな情報をファイルに追加するようにしましょう）。

②キャリアプロファイルが更新されていない場合：キャリアプロファイルをそれぞれの仕事が始まった時，終わった時そして学習や経験を得た時などに更新しましょう。その目的はそれぞれの経験から何が学べたかを記録することであり，そうすることで，将来支援に関わるスタッフがクライアントの過去の経験を支援に活用する手助けになります。過去の，仕事を始めた時，そして仕事を辞めた時のフォームをもう一度見直すことで傾向を見つけましょう。巻末のキャリアプロファイルを参照してください。

就職時，離職時，教育プログラム参加時にはキャリアプロファイルを更新してください。

③キャリアプロファイルにある情報がクライアントのインタビューから得られたもののみである場合：就労スペシャリストはその就労プランを作成する際，関わるであろう人物，例えば家族のメンバーや友人などからも情報を聴取しましょう。その目的は良好な職業選択，本人の嗜好に合わせた職業選択，そして有効な就労支援をするためであり，また同時に家族のメンバーにIPSサービスについて知らせることでもあります。就労スペシャリストは家族メンバーと求職中のクライアントとの会議を設定し，就労について皆で議論します。就労スペシャリストはキャ

リアプロファイルに精神保健支援チームやカルテから得られた情報も取り込むことを強く推奨されています。

④就労歴が不十分かあるいは一部欠如している場合：就労スペシャリストはそのクライアントのすべての就労歴について質問するのであり，最も新しい仕事だけについて聞くことはしません。そうすることで就労を成功に導くために必要な条件，例えば就労環境とか相談環境，職場での指導方法，社会的な交流の量などを明らかにすることができます。就労スペシャリストはそのクライアントが仕事について何を望み，何を嫌うか，どのように以前の仕事を見つけたか，そしてなぜ仕事を辞めたかなどについて質問します。重要な点だけを抜粋するようなやり方は就労歴を完成させるのには十分な方法とはなりません。

5）良好なIPS導入例

例1：就労スペシャリストが各クライアントの就労歴や，どのような仕事を希望しているかなどを知る手掛かりとなる総合的な情報を含んだキャリアプロファイルを作成し使用します。キャリアプロファイルにはそのクライアントの症状はどのようなものか（もし存在すれば），薬物乱用の既往があるか（もしあれば），そしてそれが就労上どのような影響を与えるかという情報と合わせて，クライアントのストレングスや就労に向けて活用できる資源として何が存在するかなどの情報も含まれています。キャリアプロファイルに必須の情報には，求職中のクライアント情報，精神保健支援スタッフ，カルテ内容，クライアントが選んだ家族メンバーや友人からの情報などがあります。プロファイルを作成すること，また閲覧することで就労スペシャリストとクライアントはどんな職種が最もそのクライアントにマッチしているかを考える手助けとなります。クライアントが雇用された時，就労スペシャリストとクライアントはもう一度キャリアプロファイルを見直し，今後どのような就労支援が有用であるかを考えます。キャリアプロファイルはクライアントが違う仕事に挑戦しようとしたときや，一労働者として自分の新たな特性を見つけたときなどに更新されます。

例 2：就労スペシャリストは，求職中のクライアントに就労支援プランを作成する時に誰をそのミーティングに呼びたいか質問しました。クライアントは彼の国語読解クラスの指導者が最も自分のことを支援してくれる人物だと言い，プランニングのミーティングにその人物を招待することにしました。その先生は，ミーティングでクライアントがどのような勉強の仕方をしていたかとか，1 日の内で集中力が最も高かった時はいつかなど，さまざまな情報を皆に提供しました。それらの情報はキャリアプロファイルに記載されました。

例 3：あるクライアントは担当の就労スペシャリストと協力して求職活動をしていましたが，2 回も就労継続に失敗しました。就労スペシャリスト，クライアント，精神保健支援スタッフは会議を開き，以前の仕事と彼の就労経験について議論しました。その会議で，クライアントが朝の勤務体制の場合，時間までに出勤することがしばしばできなかったこと，仕事へ行く前日にアルコールを飲まなかった時には非常によい仕事ぶりであったことをお互い確認し合いました。就労スペシャリストはこれから彼のために就労時間が午後か夜間のものを探してみると述べ，そしてクライアントはアルコール依存のためのグループミーティングに参加するように調整してみると述べました。

サービス：一般就労に向けた迅速な職場調査

1）定義

IPSプログラム導入時の初回就労アセスメントから30日（1ヵ月）以内に，クライアントまたは就労スペシャリストの雇用主との対面式の初回面接を実施します。

2）理論的根拠

研究では，迅速な職場検索，職場調査，選択が行われるほど，より高い確率で就労が実現できることが示されています。迅速な職場調査を行っていない就労サービスではクライアントがサービス継続から脱落する確率が高まります。なぜならクライアントは，彼らが重要と考えていることにサービス提供者が直接取り組んでくれていないと感じるからです。例えば，もし就労支援プログラムが，支援の条件としてまず就労準備グループ活動を終了することを要求すれば，それ以上そのプログラムを継続しない人が出てきます。当然のことながら，それは彼らの望むことではなく，彼らの望むことは働くことであるからです。

支援の焦点がクライアントのゴールにマッチしていれば，プログラム脱落率は低下します。

3）導入のヒント

迅速に職場探しを始めることで就労率が高まることが研究で証明されていることをまず就労スペシャリストは，十分理解しておきましょう。ただし，クライアントのことを十分知るために，聞き取りやキャリアプロファイルを協働して完成させることを職場探しの前に行う必要があり，それに数週間は必要であることをクライアントに十分説明しなければなりません。時にはクライアントが職場探しをすぐには始めたくないと思っていることもあり，この場合就労スペシャリストはクライアントに同行して雇用主を訪ねたり，様々な種類の職場を見学するのもよいでしょう。IPS サービスはあくまでも個別対応の立場をとるので，就労の申し込みをするタイミングは人それぞれです。典型的な形としては，就労スペシャリストあるいは求職中のクライアントが個人的に雇用主と面会するのは，クライアントが IPS プログラムに参入して 30 日以内です。

就労スペシャリストが最初にクライアントと面接した時期，そして雇用に向けて最初に雇用主とクライアントあるいは就労スペシャリストが面接をした時期などが追跡調査できるシステムを確立しておきましょう。追跡の簡単な方法の一つは，毎週行われる就労ユニットミーティングでクライアントとの面接の予約が初めて決まった場合，あるいは雇用主との面接の日取りが初めて決まった場合にはお互い報告し合うことです。また，求職中のクライアントあるいは就労スペシャリストは雇用主と最初に面会する日を再度確認し合います。

雇用主と最初に面接を行うまでの日にちの中間値を 3 ヵ月ごとに集計しましょう。中間値を決定する方法は，まず雇用主と会うまでにかかった日数の最小値から最大値までを順次書き上げ，そのなかで真ん中に位置する数を選ぶという方法です。例えば下に示すリストには雇用主と会うまでにかかった日数が書いてあります。ここでは 3，11，15，21，27，29，31，34，40 日とあります。この中で中間値は真ん中に位置する 27 となりますので，今回の集計の中間値は 27 日ということになります。

3　11　15　21　(27)　29　31　34　40

リストに上がっている数が偶数の場合，中央の２つの数字の平均値を求めます。注意：一般に用いられているフィデリティ尺度のガイドラインでは，最初に雇用主に会うまでの日数の集計においてその平均値を計算するように指導していますが，フィデリティ評価者やIPSスーパーバイザーは，最近は平均値よりも中間値を好んで用いる傾向にあります。というのも時に大きくかけ離れた日数がリストの中に含まれた場合，平均値を用いると現状を正確に反映しない数値となるからです。

4）IPSの導入を妨げる共通要因

①求職中のクライアントが自分の希望する職種を決め切れていない場合：クライアントが選択肢についてもっと知りたいと希望すれば，就労スペシャリストは幅広い職種についてクライアントと協議し，クライアントと一緒に現状を知るために複数の職場を訪問してみるとよいでしょう。訪問で就労スペシャリストあるいは求職中のクライアントがその職場のオーナーやマネージャーと接触することができれば，クライアントのその職種に対する好みを知る手がかりを得るでしょうし，マネージャーと新しい人間関係を構築することができるでしょう。なお，この訪問は雇用者との接触回数として数えてよいでしょう。

②就労リハビリテーション局カウンセラーが局による就労支援認定[注29]後に受ける就労前訓練サービスに精通し，それにこだわる場合：就労リハビリテーション局カウンセラーやそのスーパーバイザーとIPSについて十分話し合いましょう。IPSは確立した就労支援プログラムの１つであり，研究，すなわちデータに基づいてその効果が立証されていることを説明しましょう。IPSの新しい哲学を理解することは精神保健関係者にとって容易でないことをまず考慮し，就労リハビリテーション

注29　米国では就労リハビリテーション局がCRP実施機関でのIPSによる就労支援の利用をクライアント毎に認定する制度を取ることが多い。

局カウンセラーなどがこの新しいアプローチを受け入れるまでは当然時間が掛かるものだという姿勢で臨みましょう。

③就労スペシャリストが，あるクライアントはまだ雇用主と会う準備が整っていないと感じてしまう場合：まず，用意しすぎることがないように十分注意しましょう。ケースによっては，このような姿勢でいる限り決して職探しが始まらない場合があります。就労スペシャリストが求職に必要なクライアントのスキルを上げるように支援している最中であっても，とにかく求職活動を開始し，前進させるよう励ましましょう。職業選択を延期することで一定の数のクライアントはこのプログラムから脱落すると説明をしましょう。また，求職活動に必要な十分な技能の取得からほど遠い状況であっても，就職を実現することがあり，その人の体験を他の人と共有するとよいでしょう。

④クライアントが仕事を見つける前に教育プログラムを修了したいと希望している場合：このようなケースでは，IPS スーパーバイザーはそのクライアントが職探しの準備が整ったというまでは，現在の支援期間は雇用主と最初に面接する日までの日数として算定しないようにしましょう。言い換えれば，クライアントが「職探しをしたい」と言った日から最初の雇用主との面会日までを，雇用主面会までに必要とした日数とします。

5）良好な IPS 導入例

IPS スーパーバイザーは，就労スペシャリストが初めてクライアントとミーティングをした日から雇用主との初回面接までに要した日数を経時的に追跡します。スーパーバイザーはチームメンバーにその接触は対面式のものであって，雇用の決定権を持つ人との面接であることを確認します（なぜなら，このような接触こそが就労支援に必要な人間関係を構築するから）。スーパーバイザーは雇用主との初回面接までに要した日数の中央値を3ヵ月おきに計算し，このデータをチームメンバーと共有します。ある就労スペシャリストのこの中央値が30日を超える場合，スーパーバイザーはその特定の就労スペシャリストに何が迅速な職探しの開始を妨げているか質問し，そしてその就労スペシャリストと彼のクライアントとのミーティングにも参加し，迅速に職探しを始める方法を議論し，同定していきます。

サービス：個別職業選択

1）定義

就労スペシャリストは求職中のクライアントの好み（何を楽しみ，何を個人的なゴールとしているか）や要求（経験，能力，精神症状，健康などを考慮に入れた希望）と職種とのマッチングを目標に雇用主と接触するのであって，求職マーケットの現状（例えば現在すぐにでも求職できる，空きがあること）に合わせて雇用主と接触するわけではありません。個別化された職業選択計画は，キャリアプロファイル，あるいは就労や教育経験をもとに作成され，更新されます。

2）理論的根拠

就労スペシャリストは，クライアントの好みに適合する仕事，そしてそれにより彼らの強みを最大限に活かし，生じうる問題を最小限にとどめるような職業を探します。例えばそのクライアントが老人介護に興味があれば，就労スペシャリストはクライアントに老人施設についてもう少し情報を集めるように提案するでしょう。もしクライアントが滅裂思考に悩まされる人であれば，就労スペシャリストは複数の業務を同時に行うことを求められる職種は避けるでしょう。仕事の好みは，仕事の種類，職場の位置，勤務体制やシフト，指導体制，その他複数の要因と関連します。

3）導入のヒント

個別職業選択を行うためにはその地域の産業に精通しておく必要があります。例えば，その地区の産業にはどのような種類の職があり，どのような異なった就労環境があるかも含めて知らなければいけません。就労スペシャリストは雇用主に毎週会い，彼らが有している雇用形態，雇用者への希望，そして職場環境などについて情報を収集します。雇用主との面会はほとんどの場合，ある特定のクライアントを想定して行われますが，時には過去に訪問したことのない職場の様子を知る目的で行われることもあります。

就労スペシャリストは，求職中のクライアントがしたいと思っていることは何か，また過去の職歴はどうか詳しく質問することで，彼らの希望を理解しましょう。そのために例えば以下のような質問をするとよいでしょう。「その仕事の最も好きな点はどこですか。また最も嫌いな点はどこですか」「あなたの上司について教えてください」「なぜあの仕事を辞めたのですか」「その仕事の最も難しいと思うところはどこですか」「どの部分が最も簡単だと思いますか」「過去の転職についてどのような意見をお持ちですか。またなぜそのような意見をお持ちですか」

就労スペシャリストは求職中のクライアントをよく知っている人と話すことも強く推奨されています。家族，ケースマネージャー，前の雇用主，友人などはそのクライアントに適した最良の仕事を探す上で，様々なヒントを与えてくれます。最終的にはクライアントはたいていの場合，彼らの心を最も引きつける職種を選ぶのです。

就労スペシャリストはクライアントの友人や家族に職場のマッチング作業のための情報提供を依頼します。

4）IPS の導入を妨げる共通要因

①職業の選択肢について十分な調査が行われていない場合：求職中のクライアントにどんな仕事に就きたいか質問するだけでなく，就労スペシャリストはそのクライアントがどんな仕事を知っているかということも確認しておく必要があります。ある求職中のクライアントは相当限定された職種でしか活躍できないと思い込んでいる場合もあるし，当然彼

らは雇用経験のある職種だけを知っており，それに基づいて職業選択の判断をしていることもあるからです。クライアントが多くの仕事について知らないのであれば，就労スペシャリストには，そのクライアントのよい点，興味，そしてどのように日頃時間を費やしているかなど，もっと広い視点で職業選択を検討することが求められます。就労スペシャリストは，家族にそのクライアントがもっと楽しみながら働ける職種はないか聞いてもらうよう依頼してもよいでしょう。就労スペシャリストは，クライアントと一緒に複数の企業を訪れて様々な職場を見学しながら学んでみようと提案するのもよいでしょう。

5）良好な IPS 導入例

エイミィの仕事：エイミィは過去 20 年間就労したことがありませんでした。彼女は仕事を始めることへ不安を抱いていましたが，彼女のグループホームの近くで職場探しをすることには興味を示しました。彼女のケースマネージャーは，まず 1 週間に数時間の就労から開始するのが望ましいと考えました。エイミィはとても誠実な人柄で，たいていの人は彼女と一緒にいると楽しいと感じます。エイミィの就労スペシャリストはエイミィのグループホームから 1 ブロック離れたところにある会社の雇用主に話を持ちかけました。就労スペシャリストがその職場を相当な回数訪問し，その職場の環境や条件を把握した頃には雇用主がエイミィとの面接を了解しました。雇用主はエイミィを大変気に入って，エイミィに週 3 回，午前 10 時から正午まで食料品の準備をする仕事に就くことを許可しました。エイミィの同僚も彼女のことを気に入り，彼女ともっと時間を共有したいと思うようになりました。彼らは彼女を昼食に誘いましたが，エイミィは自分の就労時間を超えてまで職場に居ることは望みませんでした。そこで彼女の同僚たちは彼らの昼休憩を 11 時 30 分に前倒しすることを決めました。おかげで，エイミィは彼らと共に食事を摂ることができるようになりました。そうこうするうちにエイミィは勤務時間を延長することができ，会社の交流イベントにも参加できるようになったのです。

リサの仕事：リサの就職に対する最大の動機は，他の人を援助する活動をしたいというものでした。リサは薬物使用によって重罪をすでに受けていましたが，薬物を離脱してすでに丸３年が経過し，回復経過にありました。多くの社会支援スタッフは重罪歴のある人に就労の窓口を開くことはありませんが，リサの就労スペシャリストは例えばホームレスシェルター[注30]の運営や薬物依存症の支援をしている協会であれば，もっと柔軟に就労について対応してくれると考えました。就労スペシャリストは，今はリサが合法な形で社会に参画しており，生活も好転していること（治療，薬物未使用歴の長さなど）を雇用主に伝える練習を一緒にしました。同時期にリサはその地区のすべての薬物依存支援プログラムやホームレスシェルターを訪れ，関係を持ちました。あるシェルターのマネージャーはリサに会うことに興味を示し，結果彼女をフルタイムの従業員として雇用しました。

カルメンの仕事：カルメンはこれまで働いた経験が全くなく，どんな仕事につけばやりがいを感じるのかさえも知りませんでした。彼女の就労スペシャリストのジョンは一緒に就労ゲームをやってみないかと彼女を誘いました。その就労ゲームの中で彼らは仕事のリストを用いてブレインストーミングを行いました。そこでジョンがしたことは彼が３つの職種をリストから選択し，カルメンにどの仕事が最も好きで，それはなぜか，そしてどの仕事が最も好きでなく，それはなぜか，説明するように尋ねたことでした。このような就労ゲームを用いた会話を続けるうち

注30　ホームレスに対し，特に冬期の夜間に安全に寝泊まりできる環境（衣服，食事，暖かい部屋など）を提供する施設であるが，近年では，継続的に夜間サービス，時には日中のサービスを提供する施設もある。アウトリーチ支援も提供し，ストリートでサービスを提供することもある。主として，非営利団体や教会によって運営されている。

に，就労スペシャリストはカルメンが長い時間立っていることができないことや，重い物を持ち上げられないことがわかりました。就労スペシャリストはまたカルメンが自分はとても恥ずかしがり屋だと思っているということ，そして料理をすることが楽しみであるということを知ることができました。彼らは何回も一緒にレストランを訪れて，カルメンがどのような仕事であれば自ら挑戦したいと思えるか，それを発見するまでレストランの様々な仕事内容について学びました。

サービス：職場開拓　頻回の雇用主との接触

1）定義

各就労スペシャリストは，求職中のクライアントの代わりに，週に少なくとも６回は対面式の雇用主との面会を行います。雇用主との接触回数は，例えば就労スペシャリストが同じ雇用主と同じ週に２回以上面接すれば，その面接回数をそのまま計算し，その時，クライアントが同行しているかの有無は問いません。特定のクライアントのために雇用主に会った場合も，一般的な職場開拓のために雇用主に会った場合も，訪問回数に含めます。就労スペシャリストは，雇用主との面接回数とその内容を毎週追跡表に記録し，週に１度スーパーバイザーがそれを確認します。

2）理論的根拠

雇用主と会うことは緊張や不安を伴うことですが，雇用主との関係を構築することは，求職者が仕事内容を理解し，就職先を見つけるために行う支援にとって，最も重要です。

スーパーバイザーの Dani Rischall は以下のように述べています。「雇用主との面会を文書として記録に残し，毎週就労スペシャリストが報告することで，説明責任を明確にでき，誰もが職場開拓の進め方や，その活動内容に達成目標を設けることがいかに重要か気づき始めるのです」

3）導入のヒント

雇用主との面会記録を閲覧して，就労スペシャリストがマネージャーや会社のオーナーと人間関係を構築しうる接触のみを面接回数に含めていることを確認します。電話での接触は回数には含みません。というのも，この活動のゴールは雇用主との人間関係を構築することであり，そのための最良の方法は個人的に実際に会うことだからです。レジの職員やガードマンなどを通じて職場の情報を得ることは訪問回数には含みません。そういった活動は雇用権をもつ人との人間関係を構築することに役立たないからです。

雇用主に直接面会してください。なぜならそれが良好な信頼関係の構築にとって不可欠だからです。

雇用主訪問を追跡し，面会の成果を記録するためのシステムを用意しましょう。就労スペシャリストは職場環境や雇用主が好む雇用形態など，得た情報もそこに記録します。雇用主訪問記録表は訪問回数の追跡に有用です。そのサンプルは巻末にある「雇用主面会記録」を参照してください。

新しい就労スペシャリストには，1週間で6回以上の雇用主訪問を確立するまで2ヵ月の猶予を与えます。たとえ，就労スペシャリストがまだ最大限のクライアント数を支援するに至っていなくても，職場訪問を行い，将来のクライアントの就職に役立つ情報を集めることが望ましいのです。とりあえず，このような場合でもまず週に6回の雇用主との接触を目標とします。そうすれば，新しい就労スペシャリストもこの活動がクライアントの支援にとって必要不可欠であることが理解できるでしょう。

4）IPS の導入を妨げる共通要因

①雇用主訪問記録がIPSスーパーバイザーに閲覧されていない場合：スーパーバイザーは，定期的に雇用主訪問記録を閲覧し，内容を確認しなければなりません。そうすることでスーパーバイザーは職場開拓をより頻回にするようスタッフを激励することもできますし，就労スペシャリストが雇用主のフォローアップ計画を作成するときにも助言を与

えることができるでしょう。

②就労スペシャリストが週に最低6回以上の雇用主との面会を実現していない場合：期待される雇用主との面会回数は就労スペシャリストの職務内容に明確に記載されていなければいけません。就労スペシャリストがこの目標を十分達成できない場合は，スーパーバイザーが職場訪問に同行したり，各種の職場訪問計画の作成を手助けしたり，また彼らのスケジュール表に雇用主と面会するための特別な時間を追加するよう推奨します。

5）良好なIPS導入例

IPSスーパーバイザーは雇用主との面会の定義を書面で明確にすることが好ましいです。下にその例を示します。

・職場の情報を聴取するためにマネージャーに面会の約束を取った場合（たとえマネージャーがその申し出を断った場合も含む）
・条件に適した候補者について説明するためにマネージャーと面会した場合
・クライアントの職場面接に同行した場合
・1週間で同じ雇用主に2回以上面会した場合で，その目的がさらに雇用主との関係を深めるためや，求職中のクライアントの就労支援である場合
・職場見学，あるいはそこで働いている人の様子を見学する場合（ただし，その場合その職場のマネージャーが同席していなければならない）
・クライアントを模擬面接のためマネージャーとの面会に連れて行った場合
・クライアントが雇用決定，あるいは雇用の推薦をする権限をもつ人物と面接をするのを援助した場合
・面接後のクライアントに対する印象を伺うために，職場訪問し，雇

用主に面会した場合

・お礼の手紙を届けるために職場訪問した場合（ただしマネージャーがその時その場に居たときのみ）
・仕事に就いているクライアントがその仕事を続けるかどうか迷っている時に，職場の情報を共有するために職場のマネージャーと面会した場合（情報聴取のためのインタビュー）

スーパーバイザーは以下の活動は雇用主との面会記録としては認めません。

・職場の受付係に就職申し込みについて質問した場合
・電話や電子メールでコンタクトを取った場合
・履歴書や就職申込書をオンラインで提出した場合
・求職中のクライアントがその職場で就職申込書を提出するときに同行したが，その時に就職決定権を持たない人物としか接触しなかった場合
・雇用の決定権を持たない職員とその職場について聞き取りを行った場合

就労スペシャリストは雇用主面会記録を毎週スーパーバイザーに提出します。スーパーバイザーは，就労スペシャリストとの個別面接の際に，雇用主面会の中からいくつか抽出して，その内容について議論します。スーパーバイザーは職場訪問でどのような情報を得たか質問したり，今後の雇用主とのフォローアップをどのように計画していくか，援助・助言をします。スーパーバイザーは，各就労スペシャリストが何回雇用主訪問を行ったか，毎週追跡します。もし，その平均値が 6 回を下回るようであれば，スーパーバイザーは就労スペシャリストと話し合いを持ち，職場訪問に同行することもあります。スーパーバイザーは雇用主面会記録表のコピーを就労リハビリテーション局カウンセラーに送り

ます（その情報はカウンセラーが担当している求職者の支援にも活用されます）。就労リハビリテーション局カウンセラーは，就労スペシャリストが活発に雇用主を開拓していること，そして提供される情報に対し大いに感謝し，逆に可能性のある雇用主を就労スペシャリストに紹介するようになるでしょう。

サービス：職場開拓　雇用主訪問の質

1）定義

雇用主訪問活動とは，就労スペシャリストが，雇用主と直接複数回会い人間関係を構築し，その過程で雇用主の求めているものを知り，IPSプログラムが雇用主にどのようなサービスを提供できるかを伝え，雇用主の希望に適合する求職中のクライアントの強みや特性を伝えることです。

2）理論的根拠

就労スペシャリストは雇用主に最も適切な候補者を紹介するために，彼らが必要としていること，彼らの希望や好みを知る必要があります。直接雇用主と数多く面会することで，その就労スペシャリストが信頼できる人物であること（必要なときに就労スペシャリストが訪問してくれると信じてもらえる），就労スペシャリストがその雇用主と今後も長い関係を続けたいと希望していることを伝えることができます。

3）導入のヒント

雇用主について知るために複数回の面会予約を設定します。

1. 職場を訪問し，自己紹介した後，職場について知るための20分の予約を求める。
2. 2回目の訪問で20分間雇用主と面会し，その職場での仕事内容，その職場で成功する人物の特徴，雇用主の雇用時の希望などを聞き取る。この面接では，求人があるかどうかは聞かないようにする。雇用主との関係が保たれれば，いずれその職場で雇用される時がある。雇用主に今後も話を聞いてもらえるかどうか質問し，関係継続に前向きになるように介入する。

3. 再度，職場を訪問し，職場のさらなる情報を聴取する。より関係を深め，その職場に適合すると思われる求職中のクライアントについて話し合う。
4. もし，クライアントが雇用されない場合でも，その雇用主の訪問を継続し，よい関係を維持する。そして適当な時期にまた他の候補者を推薦する。

IPS Supported Employment：A Practical Guide を参照してください（www.dartmouthips.org にアクセスして閲覧可能）。もし可能であれば，IPS トレーナーをあなたたちの組織に招待し，職場開拓についての講義を依頼し，チームメンバーと共にどのように雇用主との関係を構築するか，実際に職場訪問してその仕方を披露してもらうように依頼します。

IPS スーパーバイザーの役割：必要に応じて，就労スペシャリストに同行して雇用主訪問をします。そこで，あくまでも雇用主の希望に焦点を絞った話し合いをするように努めます。IPS チームメンバーに同行し，彼らの様子を見ながら実情を把握します。チーム職場開拓デーという日を設け，その日には就労スペシャリスト２名でいくつかの職場を訪問し，マネージャーか社長に面会します。そのあと，オフィスに戻り，チームメンバーと共にブレインストーミング法を用いた議論を行い，各雇用主を今後どのようにフォローアップすればよいか話し合います。スーパービジョンを通して就労スペシャリストが今後どのような職場を訪問し，そこでどのように雇用主に質問すればよいか計画立案を援助します。

スーパービジョンでは，訪問する職場の選択や面会時の質問内容について就労スペシャリストが計画を立てるように指導してください。

4）IPS の導入を妨げる共通要因

①就労スペシャリストが雇用主との面会のために十分な準備をしていない場合：就労スペシャリストは職場訪問の目的，そこで雇用主と話す内容を事前に考えましょう。彼らはその職場についていくつかの情報を前もって得て，訪問時の質問を準備します。彼らはカレンダー，名刺，ノートを取るための道具，そして雇用主向けに作成されたパンフレットなどをもって面会に向かいます。

②就労スペシャリストが自分たちのプログラムを中心に話してしまう場合：従来の職場就労支援の手法では，雇用支援プログラムについて説明することに重点を置いていますが，ほとんどの雇用主は自分のビジネスをいかに進めるかという点に最も興味があるのであり，プログラムそのものへの興味はそれほど高くありません。就労スペシャリストは，質問されればIPSプログラムについて説明しますが（なぜなら雇用主との面会は雇用主主体で，雇用主のペースで行われるべきだから），聞かれる以上の情報を与えることは避けます。この関係においては，雇用主は顧客であり，面会時は雇用主の話を聞くことに注力します。

③就労スペシャリストが雇用主のフォローアップを怠る場合：就労スペシャリストの中には，雇用主が求人をしていない時に，彼らとどのように関係を維持するか迷う場合があります。スーパーバイザーは，就労スペシャリストが雇用主やマネージャーと面会するときに同行し，長く関係を維持するための対応を現場で示したり，雇用主への話し方を実演したりします。グループスーパービジョンを通して，それぞれのスペシャリストが雇用主と長い関係を維持するための戦略について情報交換をします。

④就労スペシャリストが雇用主との面会中，あるいは面会後に記録を取らない場合：雇用主は，しばしば雇用に関する詳しい，時には内密の会社方針や好みを話してくれます。就労スペシャリストはマネージャー

が話している最中に簡潔なノートを取り（それによってスペシャリストが話を注意深く聞いているということをアピールすることもできる），面接直後に職場を離れた際，直ちに詳しい記録を書き足します。就労スペシャリストは次の訪問前にその記録をもう一度見返すことで，マネージャーやその会社の社長にとって何が大切かを再確認することができます。

⑤就労スペシャリストがどの雇用主を訪問するか戦略的に考えていない場合：就労スペシャリストは彼らの受け持っているクライアントをイメージしたうえで，戦略的に職場開拓を行うべきところを，単に1週間に6回以上の雇用主訪問をするという目的を達成するために訪問を繰り返すことがあります。就労スペシャリストは，彼らが今関係を構築中の雇用主リストを作ったり，これから訪問する予定の雇用主の月別のリストを作るべきです。彼らはまた，訪問する雇用主を選択する際，自分が受け持っているクライアントの希望を考慮に入れるべきです。スーパーバイザーは，就労スペシャリストになぜ訪問先としてその会社を選んだのか理由を聞き，そして，訪問先の計画を立てる際，助言を与えたりします。

関係を構築した雇用主のリストを長期間保管してください。定期的訪問を行っているかどうか，そのリストを閲覧して確認してください。

5）良好なIPS導入例

就労スペシャリストは各雇用主に特徴的な雇用に関する好みや，希望を具体的に報告できる。例えば，「その雇用主は良好な顧客サービス技能を持つ人を希望している」というような一般的な型通りの報告よりも，「むしろ笑顔のよい，視線を合わせられる人物と会いたがっている」と報告できることが求められます。雇用主の希望を熟知することで，就労スペシャリストは面接時に雇用主がクライアントに質問するであろう質問を3つはリストアップすることができます。

雇用主が求人募集をかけた時に，その職場条件に適合するクライアントがちょうどいた場合には，就労スペシャリストは，雇用主にその人物の強みについて説明します。就労スペシャリストはその場合，雇用主に就労スペシャリストが紹介する人物と会ってみたいか尋ねてみます（これは求人中であってもそうでない場合も行う）。そして，紹介するクライアントと雇用主との面接に同席してもよいかと大抵の場合は尋ねます。

就労スペシャリストはお礼文を渡したり，お礼の電話をかけるなどして，求職中のクライアントが就職面接を受けた後のフォローを支援します。

求職中のクライアントが，IPS プログラムを利用していることを雇用主に知られたくないと希望した場合には，就労スペシャリストは，クライアントの希望するような雇用主や企業の情報を得た際，それをクライアントに提供しますが，雇用主にはクライアントの情報は提供しません。

サービス：職種の多様性

1）定義

就労スペシャリストはクライアントがより多様な職種に就くことを支援します。

2）理論的根拠

就労スペシャリストはクライアントの好みに合った，また，可能性のある職種のうち，できるだけ広範囲の職種について就職先の選考をするように働きかけます。IPS は個別支援サービスですから，クライアントの選択した職種は必然的に幅広くなるはずです。

3）導入のヒント

グループスーパービジョンでは，就労スペシャリストが雇用主と会って開拓した様々な職種（あるいはその職場における様々なポジション）のリストをあげ，ブレインストーミング法でクライアントにマッチする職種を議論していきます。IPS ミーティングルームに職種のリストを掲示し，新しいポジションが見つかればそれを更新します。これにより就労スペシャリストが変更になったときも，多様な仕事を掲載したリストは新しいスタッフに引き継がれ，利用されるでしょう。

クライアントにすべての可能な職種を提案した上で雇用を実現できるように支援します。もし，あるクライアントが希望の職種として常に洗濯業務を選択するようなら，このクライアントに向いていると思われる他の職種も考慮するように働きかけましょう。

就労開始の情報は常に更新します。多くのスーパーバイザーは IPS プログラムで仕事を始めたケース，そして終えたケースの情報を一覧表として保存しています。一覧表のサンプルは（ダウンロードし，使用することができる）www.dartmouthips.org へアクセスし，Program を選択し，続いて Tools for Supervision を選択し，そして Sample Supervisor Data Table を選択することによって取得できます。そこにあるサンプルデータを消去し，取り込まれている公式を用いることで，そこに新しいデータを打ち込めば使用可能となります。

クライアントの転帰追跡シートのエクセルファイルは www.dartmouthips.org でダウンロードできます。

4）IPS の導入を妨げる共通要因

①就労スペシャリストが彼らの知っている非常に限られた範囲の職種に強く依存してしまう場合：就労リハビリテーション局のカウンセラーとの意見交換は，クライアントに適した職種を考える際，ブレインストーミング的に発想の転換をさせ，より多くの可能性を思いつくきっかけとなります。スーパーバイザーは IPS チームと協働している関係者になるべく会うようにすることで，クライアントに適する職種の候補をより多く提案することができます。就労スペシャリストは，精神保健支援チームのスタッフにクライアントが楽しんで働けると思える職種についてアドバイスを求めるのもよいでしょう。

5）良好な IPS 導入例

①過去 6 ヵ月間に新規に就職した職種のリストが以下の場合：運転手，在庫担当者（2 名），自動車部品販売員，デイケア職員，理学療法士，レジ担当（2 名），グリルレストランの調理師，鋳造所の研磨師，ボーリング場のマネージャー。この場合，11 種類の職種から 11 人の新規採用者が生まれたと考えます。すなわち，仕事の多様性は 100％となります（もし，同一の職種に 2 名まで存在する場合は，職種の多様性の

計算上，職種の重複とはみなしません。すなわち，この場合，11名のクライアントが就職し，同一の職種に就職したクライアントは最高2名までであるので，職種としては9職種になるけれども，11の職種に就職したと算定することができます）。

②過去6ヵ月間の新規就労の結果が以下の場合：農園作業員，食料品調理師（3名），救命員，組み立て工，ウエイトレス，支払窓口係，倉庫勤務員，電話相談窓口（3名）。この場合，12の新規ケースは10の職種に分類されるとし，職種の多様性は83%と計算されます（もし，1つの職種に3名以上採用になった場合は，最初の2名までを職種の多様性に含めて計算します。上の例では12名が新規採用になりましたが，食料調理師が3名採用になっているので，2名までカウントし，同様に電話窓口業務に3名採用になっているので，2名までカウントします。よって，合計で10の職種として考え，10÷12で83%となります）。

サービス：雇用主の多様性

1）定義

就労スペシャリストは，クライアントができる限り多様な雇用主に雇用されるように支援します。

2）理論的根拠

就労スペシャリストは，その地域のすべての領域の雇用主に働きかけるからこそ，クライアントが興味を持ち，しかも技能を生かせる仕事を見つけることができるのです。就労スペシャリストがクライアントの好みに適合しない仕事を強要することは絶対にあってはならないことです。例えば，就労スペシャリストが知っているレストランのマネージャーが誰かよい人を紹介して欲しいと依頼してきたとき，その職種に適合するクライアントが頭に思い浮かばないようであれば，就労スペシャリストは誰も紹介すべきではないのです。

IPSの目的は，単に個別職業開拓と紹介を推し進めることだけでなく，紹介する雇用主の多様性を重視することで，障がいを持った人による少数集団が地域に形成されることを防ぐことにもあります。

3）導入のヒント

IPSプログラムで雇用されたクライアントがすでにいる会社に，さらに別のクライアントを薦めることは極力避けます。例外として，複数の部署を持つ，あるいは複数の支店がある，あるいは勤務時間のシフトがあるような大規模な会社が挙げられます。この場合であれば複数紹介することは許されます。

就労を始めた人の情報をリストアップすることを続けてください。スーパーバイザーは過去，クライアントが仕事を始めた日，終えた日等をまとめた一覧表をいつも用意してください。この一覧表のサンプルは，www.dartmouthips.org からダウンロードできます。そのウェブサイトでまず Program を選択し，続けて Tools for Supervision を選択し，続いて Sample Supervisor Data Table を選択してください。そのサンプル一覧表にすでに打ち込んであるデータはサンプルデータですので，それは消去し，そこに自分たちのデータを入れることでそこにすでに存在している公式によって様々な数字が自動的に計算されます。

その地域の雇用主を知るために地域の産業振興団体と交流を持ったり，商工会議所などに出向いたりしてください。インターネットで活用できる商業ニュースを活用し，その地区の商業関係のニュースを購読するのもよいでしょう。また，地方紙を読めば新しいビジネスについて情報を得ることもできます。就労リハビリテーション局カウンセラーに IPS プログラムを利用している求職者の好みに合う仕事があるかどうか，尋ねてみるのもよいでしょう。例えその地区に多くの産業がなくても IPS チームは，その地区の産業を可能な限り多く知ることで，雇用主の多様性を維持するという条件は実現することができます。

4）IPS の導入を妨げる共通要因

①多くの人が希望する職場を有している大企業がある場合：このような場合，同様な職種が，他の会社でもあるかどうかをまず調査します。そしてできる限り求職中のクライアントにすべての選択肢を提示するようにします。しかしながら，たとえ雇用主の多様性を下げるような選択肢であっても，それが求職中のクライアントの好みにマッチするものであればそれは最優先します。もし，IPS プログラムを利用している会社ですでに働いている人がおり，その人が自分の障がいについて公表していない場合，IPS を利用している別のクライアントが同じ会社に雇用申し込みをするときは，前もってその働いている人物に就労スペシャリス

トから今計画していることについて説明しておくことが好ましいでしょう。そして，将来起きうる状況についてどのような対応を希望するかその人物と確認してください。例えば，職場で就労スペシャリストと会うことがあるが，その場合どのように対処するかなどです。

5）良好な IPS 導入例

過去6ヵ月間でIPSプログラムに参加した10人が新しく仕事を始めた場合，その10ケースのうち，9ケースが異なる職場での就労を開始しました。2名はその町で最も雇用人数の多い病院で働いています。1人は病院の給食課で働き，もう1人は医事課で働いています。この場合，雇用主の多様性は100%となります（もし，同一の雇用主が2回新規採用リストに上がったときには雇用主の多様性率を計算する要素には含みません。すなわち，1ケース1雇用主として計算します）。

サービス：一般就労

1）定義

就労スペシャリストはクライアントに一般就労先の候補を提供しますが，ここでいう一般就労とは，例えば TE（transitional employment：移行就労）[注31] のような人為的に期限を定めた仕事ではなく，期限のない就労先のことを指します。ここでいう一般就労では，最低賃金が支払われ，誰でも申し込みをできるものであり，障がいを持つ人のために特別に設けられたものは指しません（シーズン限定の仕事，あるいは一時的に結成された団体の仕事であり，地域の誰もが申し込める仕事であれば，それは一般就労とみなします）。

2）理論的根拠

より多くの人が，障がい者のために特別に設けられたポジションよりも一般雇用に興味を持つと言います。

3）導入のヒント

例えば，下記のような一般就労の定義を記した書面を作成してください。それをスタッフと共有します。その定義を品質評価報告書[注32] または３ヵ月ごとの実績報告書に記載します。

自営業は一般就労に含めます。

注31　日本でいうトライアル雇用に類似しており，一定期間（例えば３ヵ月）試験的に雇用され，その間一定の給与保証が得られ，将来的に一般雇用を目指す制度。ホームレス，精神障がい者，触法者を対象とする。日本と異なり，医療，福祉団体，慈善団体が職場斡旋，専門員の派遣などのサービス提供を行い，専門員による積極的な支援を受けることができるのが特徴である。

一般就労を提起する書面の一例

・一般就労は誰にでも申し込めるものである（障がい者のために特別に設けられたものではない）。例外として，ピアサポートの仕事などがある（自らが精神障がいを経験した人が，リカバリーを目指す人のために支援をするというような仕事）
・ここでいう一般就労で働いている人は，同僚と比較して同一の給料，保障を受け，同じ仕事内容をこなしている。給料はたいてい最低賃金を満たすものである。
・就労者は直接雇用主から賃金を受け取るのであり，就労プログラムから受け取るのではない。就労の期間は雇用主の意思と就労者の希望によって決定される（就労プログラムによって規定されるものではない）。

クライアントが一般就労に向けて明確な短期ゴールを見つけることができない状態でいる場合，精神保健に係わるスタッフに彼らのためにボランティア的な仕事を準備できないか依頼してみてください。もしクライアントが，そのボランティア業務は将来の雇用につながりそうなので，その間も援助をして欲しいと依頼すれば，就労スペシャリストは意思を尊重し，援助してもよいでしょう。一例として，あるクライアントが図書館の仕事を希望したのですが，そこにはまだ人員の空きがありませんでした。しかし，クライアントはそこでボランティアを続けることで雇用された人がいたことを知っていました。そこで就労スペシャリストは，彼がそこでポジションの空きが出るまでボランティア業務をする

注32　品質保証（Quality assurance：QA）は，第二次世界大戦中に武器管理方法として導入され，効率と品質が求められるあらゆる活動において，品質保証を与えるに十分か評価する一連の作業を示す。近年，医療，福祉分野でも導入され，サービスが期待された品質を満足しているか，顧客のニーズ・期待・要求に適合しているかを検証するセクションを機関内に設け，品質評価報告書を定期的に発行している。

ことを支援しました。

非一般就労で働いている人，あるいはボランティアをしている人の数をモニターしましょう。非一般就労をしている理由について，就労スペシャリストに聞いてみてください。そして，そういう人へも一般就労の援助ができることをしっかり伝えるよう就労スペシャリストに確認しましょう。もし，ある人が相当長い期間ボランティアを続けているときは（例えば２～３ヵ月以上）IPS がそのクライアントに最も適した支援かどうかを再検討してください。IPS で提供される支援は基本的には一般就労に導くものでなければなりません。

クライアントが起業し，その営業記録を残し，収入を国に申告し，営業活動が法律に適合しているものであれば，それは一般就労とみなします。他の雇用形態と同様に，この場合もその仕事は本人の希望に沿ったものであるべきです。米国では就労リハビリテーション局が起業したい人の支援や良好な運用のための学習を援助します。

4）IPS の導入を妨げる共通要因

①就労スペシャリスト，あるいは他のスタッフが一般就労の準備のためにボランティア業務をするように推奨する場合：このようなアドバイスを受けたとき，人々は，自分は一般就労をする能力がないと思われていると解釈するでしょう。IPS の実践者は，基本的には迅速に就労探索を行います。すなわち，クライアントが準備活動を必要としない取り組みを優先するのです。

②その団体が２つ以上の就労支援プログラムを有している場合：その団体のほかの就労支援プログラムは，非一般就労を支援するものである場合があります。例えば，スタッフの指導の下に小集団で用務係をすることや作業所等で働くことを支援するものなどが挙げられます。これらのプログラムは，例えそれが IPS プログラムと独立していても，IPS による就労支援の導入に影響を与えます。例えば，もしあるクライアント

のケースマネージャーがクライアントはまだ一般就労は難しいと考えて，先の用務員作業を提案すれば，すなわちそのケースマネージャーはIPSの除外規定ゼロ原則を実践していないということになります。もし，保護的な雇用をクライアントが選択した場合，それは大抵の場合クライアントが自分の能力に自信を持てないからでしょう。しかしながら考えてみれば，どのくらいの高校生が保護的雇用に興味を示すでしょうか。IPSを，高いフィデリティを維持した形で導入したいと考える団体のリーダーたちは，一般就労を支援しない就労支援プログラムを中止することも検討するべきです。

③何が一般就労に含まれるかについて混乱がある場合：団体の中には精神障がい者を一般就労並みの給与で雇用するビジネスを運用しているところもあります。例えば，その地区の後援者向けに開設されているレストランなどがあります。しかしこれらの仕事は一般就労の定義に当てはまりません。ここで言う一般就労の定義は，その仕事が障がいの有無にかかわらず，どんな人にでも申し込みできるものであるとされています。

他の例として，その団体がクライアントを用務員あるいは事務員として雇用する場合があります。例えこの職種が一般の市民に求人広告として開示されていたとしても，そこで働いているスタッフがほとんどクライアントであればそれは一般就労とはみなされません。

5）良好なIPS導入例

例1：IPSサービスを受けている人のうち48人が現在就労しています。1人はボランティアの仕事をし，他のすべての人はここで定義されている一般就労に就いています。この団体では，98％のクライアントが一般就労に就いていると算定されます。

例2：当初，その団体の運営委員は，IPSプログラムと既存の作業所活動は共存できると考えていました。多くの人が一般就労に就くにつれて，彼らは作業所のような体制はすでに時代遅れであり，クライアントたちが望むものとはマッチしないと気がつきました。その団体のリーダーは，一般就労を実現した人たちに運営会議に参加してもらい，なぜ一般就労が大切なのか意見交換をするよう提案しました。委員会は，スタッフや家族会のメンバーにも一般就労を目指す支援について教育を行いました。彼らは 12 ヵ月の期間を設けて，その間にそこで働いていた人に一般就労を見つける時間を与えながら最終的にその作業所を閉鎖しました。

サービス：個別就労継続支援

1）定義

各クライアントは，職種，希望，就労歴，必要性など多様な要素を考慮に入れた上で，異なった就労継続支援を受けます。就労継続支援は，精神科治療チームメンバー（処方の変更，SST，激励など），家族，友人，同僚（例えばナチュラルサポートなど），そして就労スペシャリストなど様々な人から提供されます。また，就労スペシャリストは，クライアントの求めに応じて，雇用主のサポートも行います（例えば，学歴や訓練情報の提供，仕事内容の調停）。就労スペシャリストは，キャリアアップも支援します（すなわち，教育の支援，より高いレベルの仕事への転職，職場内でより好ましい業務への変更など）。

2）理論的根拠

クライアントの仕事の成功を支援することは，彼らの就職を支援するのと同等に重要です。クライアントはそれぞれ異なった要求，希望を有しているので，支援内容は当然個別化されます。

3）導入のヒント

各クライアントと，過去の就労経験を振り返り，就労を成功に導いた要素，あるいは就労における考えうる問題点について話し合いましょう。その上で，どのようなサポートを提供しうるか提案し，それに関するクライアントの意見を聞きましょう。

考えうる就労継続支援のアイデアを得るために，ブレインストーミング法を用いたグループ討論をしましょう。その討論では，まず就労スペシャリストに新しい職場について紹介してもらい，続いてクライアントの過去の就労歴，ストレングス，技能，そして直面している問題について説明を求めます。もしクライアントが了解すれば，そこで議論された考えを就労中のクライアントに提供しましょう。

就労支援の新しいアイデアをブレインストーミングで引き出すために，グループスーパービジョンを活用しましょう。

就労継続に向けて支援プランを作成するときに，家族のうちどの人物，あるいは友人のうち誰にその作成過程に参加してもらうか，クライアントに聞いてみましょう。そのプラン作成会議の目的について十分にクライアントに説明し，あらかじめ，例えばどの情報を家族に開示して欲しくないかを確認し，クライアントのプライバシーを十分尊重することを伝えましょう。会議の議題を決定するときはクライアントにも参加してもらい，スタッフが会議をファシリテートしましょう。会議の最中には常にストレングスに重きを置いた視点と前向きな姿勢を維持しましょう。

就労継続支援の仕方や介入頻度の概要を書いた，文章による就労継続支援プランを作成しましょう。そのサンプルは巻末の「就労継続支援計画書」にあります。

チームメンバーには，就労継続支援についてできるだけ幅広く考えるように働きかけましょう。会議ではブレインストーミング法を用いて，就労継続の支援について25は異なる方法をリストアップするように心がけましょう。

就労継続支援の内容がそれぞれのクライアントの希望に適合しているか確認するために，うまく就労継続しているクライアントの経過記録をいくつかサンプルとして選び，目を通してみましょう。例えば，そこでクライアントの仕事の内容や質が変わった場合に，サポートの仕方を適切に変えているか確認しましょう。

4）IPS の導入を妨げる共通要因

①限られた範囲の就労継続支援のみが提供されている場合：IPS チームの中には３つか４つ程度の就労継続支援に依存しているものがあります。例えば職場訪問，職場外訪問，電話連絡，ジョブコーチングのみを行っている場合などです。しかし，スーパーバイザーは就労しているクライアントやその担当の就労スペシャリストとそのクライアントに特徴的な，そして彼らの好みあるいは職場の環境を考慮した就労継続支援について協議し，より広い範囲の多様な就労継続支援を提案しなければいけません。

②クライアントが就労継続支援のための会議に家族を呼びたくないと言っていると就労スペシャリストが述べる場合：家族と共に活動した経験の乏しい就労スペシャリストは，家族を呼んで会議を開くことに躊躇することがあります。この場合スーパーバイザーは，就労スペシャリストと共にミーティングのファシリテーションをすることを提案することもあります。スーパーバイザーは，就労スペシャリストにどのように家族の参加を促すか具体的なアドバイスをすることもできます。例えば，以下のような問いかけをするものよいでしょう。「もしあなたが新しい仕事を得たら，まず誰に知らせますか」，あるいは「あなたの生活の中で仕事以外では誰があなたをサポートしていますか」などを問うのもよいでしょう。

③精神保健支援スタッフが，就労継続に向けた支援を提供しない場合：精神保健支援スタッフは実際に働くことを激励したり，内服薬の調整をしたり，働くためのソーシャルスキルの練習を手助けしたり，居住や金銭管理などを支援したりと多方面にわたり，就労継続の支援を行えることを伝えましょう。

④治療者が，より見栄えのよい就労歴を作るために実際は好きではない仕事を続けるようクライアントを説得する場合：もし，就労中のクラ

イアントが今の仕事を辞めたいと言うならば，なぜその仕事が嫌いなのかまずたずねてみましょう。もし，現在の職場でその問題が解決しないのであれば，他の職種を直ちに探し始めましょう。次の職場を探す間，現在の仕事を続けたいかどうか質問して確認しておきましょう。そのクライアントが退職の報告をどのように雇用主にするのがよいのか，クライアントに十分説明しておきましょう。

⑤キャリアアップ援助がIPSのプログラムで提供されるとクライアントに知らされていない場合：ケースによっては，もっと充実した仕事ができるように他の職場を探すという選択を，キャリアアップと捉えます。その他，キャリアアップの中には，昇進，通学，職業訓練，あるいは学位の習得なども含まれます。IPSプログラムに参加しているすべての人に，キャリアアップ支援も提供されていることを十分伝えるように心がけましょう。

5）良好なIPS導入例

例1：ゲイリーは工場の組立作業の仕事を勧められるまで15年間働いたことがありませんでした。彼と彼の就労スペシャリストは彼のケースマネージャーや兄弟と会い，どのような就労支援が可能か話し合いました。就労スペシャリストは，就労開始後ゲイリーが仕事に自信を感じ始めるまでの2週間，毎朝，職場まで彼を車に乗せて行きました。就労スペシャリストは，その後毎週，ゲイリーに会い，時にはゲイリーの上司と面会し，彼の職場での就労状況について話し合うことができました。ゲイリーのケースマネージャーは，彼の金銭管理を行ったので，アルコール依存の彼の飲酒量が増えることはありませんでした。そしてケースマネージャーは月2回彼に会い，彼の職場での人間関係について聞くことができました。

例2：タメカはデータ入力の経験があり，その仕事に自信を持っていました。彼女の就労スペシャリストはタメカに週に1度会い，彼女が新しく得たデータ入力の仕事について話し合いました。タメカが症状の悪化に気づいたとき，彼らはタメカの就労時間を一時期だけ短縮するよう，どのように雇用主に依頼するか話し合うことができました。

サービス：期限を定めない就労継続支援

1）定義

就労スペシャリストは，仕事を開始する前１週間以内に対面式でクライアントに会い，仕事開始後３日以内に面接し，最初の月は１週間毎，その後１年間は月に平均１回会い，それに加えて必要時にクライアントと面会します。支援は段階的に減らしていき，精神障がいを持つ労働者から，いわゆる一般の労働者へと変遷していくようにします。失職した場合，就労スペシャリストは３日以内にクライアントと連絡を取ります。

2）理論的根拠

研究結果によれば，失職は就職直後に最も高い頻度で起きます。それだけに支援スタッフは雇用直後にはより強力な支援を提供するように推奨されます。クライアントが安定して長期就労を継続し（平均的には１年），今の仕事に満足している場合，彼らはもはやIPSの支援を必要としないかもしれません。この場合，精神保健支援スタッフが就労支援を提供します。

3）導入のヒント

グループあるいは個別のスーパービジョンミーティングを受けるときは，新しく雇用されたケースについて議論しましょう。就労継続支援がそのクライアントの職歴，ストレングス，希望などと合致しているかを議論しましょう。例えば，もしそのクライアントが過去に数多く短期雇用を繰り返している場合，就労スペシャリストは最初の１ヵ月は月１回を超える対面式の面接を提案してもよいでしょう。

クライアント記録を参照し，クライアントが仕事を始める前，あるいは失職した後に就労スペシャリストが面接を行っているかを確認しましょう。就労スペシャリストに，このようなサポートがなぜ重要であるかを意識するように指導しましょう。例えば，就労スペシャリストに彼らがIPSプログラムに配属されたばかりの1週間を振り返るよう質問してみましょう。以下のような質問を投げかけてください。「新しい仕事を始めたときはストレスを感じましたか？」「初日が終わったとき，家族や友達に仕事について話しましたか？」「失職することが頭の中によぎったことはありますか？」「誰かが自分の意思で仕事をやめたとして，そのときその人がどんな気持ちになるか考えたことがありますか？」。

もしクライアントが1年以上安定して働いているのであれば，IPSチームのサポートが必要かどうか確認してみましょう。IPSスーパーバイザーは精神保健支援チームミーティングに就労スペシャリストと一緒に時々参加して，そのクライアントが現時点で何を必要としているのか話し合いましょう。クライアントにIPS支援は今でも役立っているか聞いてみてください。クライアントの了解を得て，家族とも意見交換をしてみましょう。

支援は各クライアントの好みや必要性に応じて提供しましょう。そしてIPSチームのサポートを受ける期間を意図的に限定しないようにしましょう。

4）IPSの導入を妨げる共通要因

①就労スペシャリストが電話やEメールを就労支援に多用する場合：対面式の面接はクライアントがよりリラックスして多くの情報を提供することを可能にしてくれます。電話やEメールは対面式の面接に加えて使用されることはあっても，対面式の面接の代替方法にしてはいけません。

就労中のクライアントに都合のよい場所，時間を使って，直接会って支援を提供しましょう。

②就労スペシャリストが同行支援で消極的なアプローチをとる場合：就労スペシャリストの中には，「少し待って様子を見ましょう」とか，「問題があれば連絡をください」というような対応をしがちな者もいます。支援スタッフは，より率先したアプローチをとるべきです。なぜならば，クライアントの中には職場での問題がそれほど深刻なものであることに気づいていない場合もあるし，自分から助けを求めることに躊躇する人もいるからです。

③クライアントがIPS就労支援から次の支援へとステップアップできない場合：もちろん中にはIPSプログラムを継続的に必要とする人もいますが，ほとんどの人が自力で職場の諸事情に対処するスキルを身につけることができ，無期限にIPSプログラムを必要とすることはありません。

5）良好なIPS導入例

例1：テレンスが仕事を始めるときに，彼の就労スペシャリストは初日の前日に彼と会って，必要な物はすべてそろっているか確認しました。就労スペシャリストは翌日，初日の感想について電話で彼に尋ねました。テレンスは緊張したけれども，まずまずうまくいったと答えました。彼が働き始めて2日後に就労スペシャリストは雇用主に電話をし，彼の職場での様子について尋ねました（テレンスは雇用主が自分をどのように思っているのか知りたかったのですが，就労スペシャリストが職場に来ることは好みませんでした）。上司は，テレンスは仕事の内容を覚えてきており，うまくやっていると話しました。就労スペシャリストはテレンスに電話をし，その情報を彼に伝え，翌週の面接の予約を取りました。テレンスが2ヵ月勤めた後は，テレンスと就労スペシャリストの対面式のミーティングは月に２回まで頻度を下げ，就労スペシャリストは雇用主からさらに情報を得るために月に１回の電話をかけました。テレンスが 10 ヵ月仕事を続けたあと，彼は面接を何回かキャンセルし，そして，就労スペシャリストにもう支援は必要ないと告げました。就労スペシャリストはテレンスの上司に電話をかけてテレンスにはサポートは必要ないと告げました。

例２：トッドは 20 歳の男性で，就労スペシャリストとこれまで２つの仕事を見つけて就職したことがありました。彼はその２回の就労では就労後の継続支援は必要ないと述べ，結果，どちらの仕事も数週間で辞めてしまいました。彼が別の仕事を見つけて欲しいと依頼してきたときに，就労スペシャリストは喜んで支援したいと伝えました。就労スペシャリストとトッドのカウンセラーは，彼に次の仕事では就労後も継続的に支援を受けてみてはと話しました。就労スペシャリストは様々な就労継続支援の例を彼に提示し，その中には職場に障がいを公表しないケースも含むように配慮しました。

サービス：地域に根ざしたサービス

1）定義

支援契約から職場開拓，就労継続支援へと続く一連の就労支援は，就労スペシャリストが，地域に存在する資源をそこにあるがままの形で活用しながら提供します。

2）理論的根拠

研究では，就労スペシャリストが彼らの業務をオフィス外で遂行したほうがより多くの人の雇用を実現できることが示されています。

3）導入のヒント

就労スペシャリストに，オフィス以外の場所，例えばクライアントの家，職場，コーヒーショップ，図書館などで会うようにアドバイスしましょう。就労スペシャリストが初めてそのクライアントに会うときは，自宅よりも公共の場を選ぶようアドバイスしましょう。

IPS の勤務時間（単にクライアントの支援をしている時間だけではなく，他の業務も含む）の 65％を地域で過ごすことを目標にすることを忘れてはいけません。

スーパービジョンの時，就労スペシャリストがどこでクライアントに会っているか質問しましょう。地域でサービスを提供することの重要性を強調しましょう。

就労スペシャリストが効果的に勤務スケジュールを調整するように支援しましょう。例えば，あるクライアントが約束の時間に来なかった場合は，その時間を使って雇用主訪問に当てるなどし，そのままオフィスに帰らないようにするのが望ましいです。

クライアント記録を参照するときには，そのサービスがどこで提供されたかを確認しましょう。

スーパービジョンでは，サービスが提供された場所を確認しましょう。

4）IPS の導入を妨げる共通要因

①就労スペシャリストがオフィス外で働くことに慣れていない場合：就労スペシャリストの採用面接に際して，採用前に，候補者に数時間就労スペシャリストに同行するよう提案してください。その場合，彼らが就労スペシャリストの典型的な1日がどのようなものであるか理解できるよう，地域活動にも同行するように念を押しましょう。スーパーバイザーは時に就労スペシャリストに同行して，地域で共に活動する時間を設け，オフィスの外でどのように活動するのか手本を見せるのもよいでしょう。

②就労スペシャリストが自分のスケジュールを調整することが上手にできない場合：人によっては，どのようにスケジュールを組めばよいかアドバイスを必要とする人もいるでしょう。アドバイスを受けることで彼らはもっと効果的に勤務し，1日のうちにもっと多くの仕事ができるようになるでしょう。個別のスーパービジョンの際に，就労スペシャリストに週間予定表を作るようアドバイスしてください。例えばそこに地域での面会スケジュールなどを記すように依頼しましょう。

③就労スペシャリストが地域活動中にインターネットアクセスを有さない場合：多くの職業申し込みはオンライン化されているので，就労スペシャリストがインターネットアクセスのできるラップトップあるいはタブレットを持っていればクライアントの求職の申し込みをどのような場所でもできます。もしそれが可能でなければ，クライアントの就労申し込みの支援を図書館でするよう，就労スペシャリストにアドバイスし

ましょう。

5）良好なIPS導入例

就労スペシャリストは，クライアントの面会，雇用主の訪問，就労リハビリテーション局での面接同行，就職申し込みの援助など，屋外の活動に大半の時間を費やします。彼らは，就労支援ユニット会議や，精神保健支援チーム会議に参加するために短時間オフィスに戻ります。その日の終わりに就労スペシャリストは，しばしばオフィスに戻り，書類の作成をしたり，メッセージの返信をしたりします。平均すれば1日地域で5時間以上の時間を費やしています。

平均的には，就労スペシャリストは5時間以上を地域で費やします。

1日の勤務時間をどのように使ったか，就労スペシャリストのスケジュールの例を下に2つ示します。

時間	場所	活動内容
8:00	クライアントの自宅	仕事の様子について協議
9:15	オフィス	書類作成，電子メール，電話対応
9:45	クライアントの自宅	仕事の目標について協議
11:00		昼食
11:30	オフィス	書類作成，電子メール，電話対応
12:30	就労リハビリテーション局	クライアントに同行し訪問
14:00	クライアントの自宅／職場	クライアントを自宅まで迎えに行き，採用面接へ
16:00-17:00	オフィス	書類作成，電子メール，電話対応

時間	場所	活動内容
9:00	オフィス	書類作成，電子メール，電話対応
9:30	オフィス	クライアントに今の仕事について聞き取り
10:00	オフィス	インターネットによる職場検索
10:30	喫茶店	新しいクライアントと面接
11:30	クライアントの自宅	新しいクライアントと面接
13:00	オフィス	精神保健支援チームとのミーティング
14:00	3 職場訪問	雇用主開拓
15:00-15:30	クライアントの職場	クライアント，雇用主と面会
15:45-16:45	図書館	クライアントのインターネットによる採用面接の手伝い
16:45-17:00	図書館	電子メールの返信

サービス：多職種チームと協働し，積極的な面談予約やアウトリーチ支援を図る

1）定義

IPS 支援の終了は，面談の欠席が続くことや，支援期間を限定しその終了を理由に決定されてはなりません。支援が途絶えがちなケースに対するアウトリーチ支援活動は，記録として保管します。面接のセッティングやアウトリーチ支援には，多職種チームが関わり，複数回の家庭または地域訪問を主とします。就労スペシャリストは多職種チームメンバーと協働し，明確な目的を持って訪問を行います。可能であれば，家族とも協力します。

IPS ではアウトリーチや支援継続の働きがけは個別対応が基本です。

2）理論的根拠

クライアントが IPS 面談に参加しなくなる理由は多種多様です。約束の日時をうまく記憶できない場合，働くことそのものに不安を感じている場合もあります。子どもの世話，交通手段の問題，保障を失うのではという不安，就労サービスへの低い期待値なども IPS 面談の欠席理由となります。これらの諸問題を克服するため，就労スペシャリストは直接クライアントに会って何が問題であるかを知る必要があります。IPS サービスがクライアントの支援に生かされるよう，就労スペシャリストは，精神保健支援チームや可能であれば家族（許可がある場合）と協力しなければなりません。

3）導入のヒント

面談に欠席することはすなわちそのクライアントが働く意思がないこと，というようには考えないようにしましょう。面接を欠席していた多くの人が，雇用主が会ってみたいと言っていると伝えたとたん，急にIPSに強い興味を示すこともあります。不十分な就労経験や社会経験のために長く就労できていないクライアントは，当初はあまり先行きに希望を感じられないこともあるでしょう。クライアントが面談を欠席している状態でも，彼が興味を持ちそうな仕事を提供している雇用主の調査は継続しましょう。しかし，その場合，適当な雇用主が見つかっても，クライアントが了解するまでは，クライアントの情報を雇用主に提供しないように注意しましょう。

面接の際には，クライアントにとって最も重要なことに焦点を絞って議論をしましょう。例えば，もしそのクライアントが直ちに就職の申し込みをしたいと強く望んでいるのであればキャリアプロファイル（就労アセスメント）の作成のための面談は避けるようにしましょう。代わりに，そのクライアントが就職申し込みをすることを直ちに支援しましょう。そして，クライアントの情報は職場に向かう途中に話しながら収集するか，マネージャーとの面接までの待ち時間の間に収集するようにしてもよいでしょう。たいていのクライアントは，最も重要と思っていることに支援の焦点が絞られていると感じたとき，最も高い確率でプログラム参加を継続するのです。

クライアントが面接時に現れないときに，例えば「求職者といえるほどあなたは一生懸命仕事を探しているとは思えません」「就労スペシャリストの支援を必要としている人が他にもたくさんいるのだから，面接を勝手に欠席して私たちの時間を無駄にすることはしないでください」というようなことを言い，そのクライアントに恥ずかしい思いをさせてはいけません。むしろ，就労スペシャリストはそのクライアントに「再び会えて，とても私は嬉しいです」「またあなたの支援ができて喜んでいます」という声かけをしなければなりません。

クライアントが面接に現れることができない原因を明らかにしましょう。

クライアントに面接場所と都合のよい時間を聞き，それを優先して面会日時を設定するようにしましょう。

もし，あるクライアントが通勤に公共交通機関を使用しているなら，関係性を構築するために送迎支援を提案してみましょう。小さな子どもを持っている人や老人の介護をしている人にとって，面会に参加することがいかに難しいことであるか理解しましょう。

支援継続を維持するためチームを活用しましょう。

働くことに希望が持てるように常に支援しましょう。前向きな姿勢を崩さない人との面接にはより高い確率でクライアントは参加してくれるのです。就労に関連するクライアントのストレングスや技能に焦点を当てましょう。

精神保健支援スタッフにIPSや就労について話をしてもらうなどして，他職種とチームを組んで支援を行いましょう。もし，前もって許可が得られているのであれば，家族と連絡を取ってみましょう。再度，クライアントと支援関係を結びたいときには，就労リハビリテーション局カウンセラーにも支援に参加してもらうよう依頼しましょう。

就労スペシャリストがどのくらいの期間特定のクライアントに連絡を取るように働きかけるべきか，あるいは何回そういう働きかけを行うかについてガイドラインを決定することは慎みましょう。IPSサービスは個別支援であり，個々の希望に合わせて行われるものなのです。

面接の欠席が続くクライアントとの関係を維持するために，頻回のそして有効な取り組みを行いましょう。例えば，精神保健支援チームのメンバーと何がその障壁になっているか話し合いましょう。もし，チームで話し合い，その人物が働くことに本当に興味を持っていないことが確認できれば，まず，その旨を知らせる手紙を送り，その後，支援を終了してください。

4）IPS の導入を妨げる共通要因

①面接の欠席が続けばいずれ出勤も不規則になると決めつけてしまう場合：多くの人は，面接に参加するよりも仕事に出ることに，より強い動機を持っているものです。仕事は給料を払うが，面接ではお金が払われるわけではないことに留意しましょう。クライアントの中には，職場では精神疾患やその人の現在の問題に光を当てられないとの理由で，面接よりも仕事に行くことを好むこともあります。

②クライアントの関係を強化する手段として電話や手紙が有効と誤解している場合：面談に参加しなくなったクライアントとの関係を再構築する上で最も効果的な方法は，対面式の面接です。直接クライアントと話す努力に加えて，補助的に電話，手紙，E メールなどが使われるのです。

③アウトリーチの試みが，文章として記録されていない場合：決して成功しなかった場合であっても，アウトリーチによる働きかけは文章として記録に残しましょう。関係の途切れがちなクライアントへ勇気を持ってアウトリーチを挑戦するのはすばらしいことです。アウトリーチをした後の記録を，不成功であった場合でも，次のように文章として書き残しましょう。「クライアントのアパートに立ち寄った。しかし，不在であった」。

5）良好な IPS 導入例

ケースマネージャーまたは就労リハビリテーション局カウンセラーも第１回目の IPS 面接にクライアントとともに参加します。これにより，支援スタッフ全員が就労スペシャリストとつながりを持て，すべての支援スタッフが就労に向けて一丸となって支援するというメッセージをクライアントに送ることもできます。もし，あるクライアントが少しずつ面談に参加しなくなった場合，就労スペシャリストは精神保健支援チームのメンバーに何か変わったことはないか確認できます。

また，就労スペシャリストは，様々なアプローチを用いてその人物と連絡を取ろうとします。例えば，電話をかけたり，そのクライアントの家を訪れたり（彼が以前家庭訪問を依頼したことがあった場合），家族と連絡をとる（前もって許可が得られている場合）などをします。就労スペシャリストは，精神保健支援スタッフや精神科医に次回のクライアントとの面談に参加するように依頼します。これらの活動のゴールは，そのクライアントの面接の妨げになっていることは何かを知ることです。就労スペシャリストはこれら一連の働きかけをクライアントのカルテに記録します。

第3章
IPS導入に必要な用紙や文書

IPSサービス財源調査表

IPSサービスに活用できる可能性のある財源を，就労支援の段階毎に記載します（次頁表参照）。米国では，歳入源として，就労リハビリテーション局（IPSプログラムが地域リハビリテーション事業として行われている場合），メディケイド[注33]（これは各州の医療保険制度，治療上IPSが必要と判定された場合，適応されることがある），州の一般財源，研究費などが含まれます。施設のリーダーは州の就労リハビリテーション局や精神保健課の代表と会い，可能性のある財源の有無を確認します。

また，利用者によってはすべての財源を適応することができない場合

注33　一定の条件（子どもがいる，補足的所得保障を受けている高齢者や障がい者であるなど）を満たす低所得者に公的医療扶助を行う制度とのこと。長期介護についても扶助を行う。ちなみに，メディケアは連邦保健・福祉省が運営する公的医療保険制度で，65歳以上の者，障害年金受給者，慢性腎臓病患者等を対象に，入院サービスを保証する強制加入の医療保険（パートA），外来等における医師の診療などを保障する任意加入の医療保険（パートB），外来患者に係る処方せん薬代を適用対象に加えるメディケア・処方せん薬プラン（パートD）などがある（厚生労働省：2011年～2012年海外情勢報告．第2章：第1節アメリカ合衆国．p.110-140.）。

があるので確認を要します。例えば，就労リハビリテーション局カウンセラーはIPSプログラムに参加しているすべてのクライアントに財源を与えることを了解しないことがあります。また，2または3回目の再雇用のケースでは経済的支援を拒否することもあります。このような場合，施設のリーダーは別の財源を探す必要があります。

就労支援段階（下記）	財源	財源	財源	財源
導入： IPS新規参加者との契約，あるいは一時中断者との再契約				
キャリアプロファイル／アセスメント作成： 利用者の就労歴，希望する仕事，可能な支援などの聞き取り。家族面接も含まれる				
雇用主開拓： 就労スペシャリストの雇用主や人事担当者との面会（利用者の同伴なしの場合）				
利用者同伴の職場調査： 雇用申し込みの援助（雇用主への紹介，面接の準備，面接の同行，雇用主のフォローなど）				
職場支援： 雇用主との面会，職場あるいは職場外での利用者との面会，家族面接，電話連絡				
ジョブコーチング[注34]： 職場での直接作業指導。通常，IPS利用者の中でわずかなものしか必要としない。治療上必要とは通常判断されない（メディケイド対象とはならないことが多い）				
キャリアディベロプメント： 教育や訓練目標を定め転職を支援する				

注34　就労を開始した障がい者の職場を直接訪問し，就労現場で助言や指導を与えることで，作業能力向上や就労継続を図る支援。雇用主には，障がい者との接し方など，その特性を配慮した助言を与え，作業内容の調整依頼をすることもある。

下の表には，上記財源の対象とならない利用者グループを記載します。例として，「適した職場を獲得するため，2種類以上の職場で支援を必要とする場合／そのため就労リハビリテーション局の財源支援対象とならず」「明確な精神障がいを認めない場合／そのため精神保健財源の対象とならず」などがある。

特定の財政支援が得られない利用者グループまたは状況	財源	財源	財源	財源

IPSプログラム導入プラン

導入計画領域	行動計画	責任者	目標日
Ⅰ．予算 財源調査を行う。米国での財源候補として以下が含まれる。 ・就労リハビリテーション（VR）。この支援を得るためには，地域リハビリテーションプロバイダ（CRP）の認可が必要で，事前にリハビリテーション施設承認協会（CARF）にて，認定を受ける必要がある ・州，郡の精神保健財源 ・就労過程で医学的治療を必要とする場合はメディケイド（詳細は州の関係機関に問い合わせる） ・研究費，補助金 ・就労支援のステップ毎に獲得しうる他の財源を確認			
Ⅱ．IPSプログラムスーパービジョン 1）常勤のIPSスーパーバイザーが8人を超えない就労スペシャリストの責任者となる 2）5人以上のスタッフの責任者となる場合は，IPSスーパーバイザーは他業務を兼務しない 3）スーパーバイザーは少数（2～3人）のクライアントを持つことは許される 4）週1回のスーパービジョンミーティングではクライアントのゴール，雇用主との関係，達成事項の祝福を行う 5）現地調査：毎月就労スペシャリストの職場訪問に同行し，就労開拓の指導を行う 6）スーパーバイザーは年4回，就労スペシャリスト毎のクライアントの転帰を確認する			

導入計画領域	行動計画	責任者	目標日
（雇用率，支援クライアント数，IPS 修了者数，雇用開始者数など）。必要があれば，目標達成のための支援をする			
Ⅲ．就労スペシャリストの役割 1）1 人あたり 20 人を超えないクライアントの支援 2）職場開拓も含めた，あらゆる就労支援を提供する 3）就労支援のみを提供する 4）勤務時間の 65％以上を地域活動に費やす 5）就労スペシャリストは各クライアントの文化的背景を理解し，対応できるように教育されている 6）IPS チームの中にはピアサポーター，あるいは就労スペシャリストとして，精神疾患の既往のあるスタッフを含めてもよい			
Ⅳ．IPS トレーニング（可能な限り以下の活動を取り入れる） 1）IPS の原則の確認。IPS チームが実施。就労リハビリテーション局のスタッフ，精神保健支援スタッフ，施設のリーダーを招待 2）雇用主開拓。IPS チームが実施。就労リハビリテーション局スタッフを招待 3）職場における障害の開示について協議。IPS チームが実施。就労リハビリテーション局スタッフを招待 4）積極的傾聴スキル。IPS チーム内で実施 5）就労への興味の喚起。精神科支援スタッフが実施。IPS チームメンバーを招待 6）職場支援。IPS チームが実施。就労リハビリテーション局スタッフを招待			

導入計画領域	行動計画	責任者	目標日
7) IPSの概要の理解。家族会あるいは家族／当事者による権利擁護・啓蒙団体が実施 8) その他のトレーニングの機会：州の指導者によるトレーニング，ダートマスのオンラインコース（実践者用，スーパーバイザー用，リーダーシップトレーニング用）をする（www.dartmouthips.prgで，Training and Consultationを選択）。			
Ⅴ．IPSと精神保健支援チームとの連携 1) 各就労スペシャリストは1～2の支援チームに配属され，そこから最低90％のIPS導入依頼を受ける 2) 協同する精神保健支援スタッフの団体に所属しているかいないかに関わらず，就労スペシャリストのオフィスがその団体内にある 3) 就労スペシャリストは自分の属する精神保健支援チームのミーティングに参加する。ミーティングでは就労を含めたクライアントの現状を協議する。ミーティングの終了まで参加する 4) クライアントの記録は統一されている（治療記録と就労関係書類は同一記録に保管される）			
Ⅵ．就労リハビリテーション局との協働 1) 就労リハビリテーション局カウンセラーがIPSを認知していること ・協力が可能な場合，協働を促進させる戦略について協議する ・彼らに「除外規定ゼロ」の法			

導入計画領域	行動計画	責任者	目標日
則を多くのケースで遵守してもらう（時に就労リハビリテーション局の支援を一時的に受けられないケースは存在する） 2）就労リハビリテーション局スタッフは月に1回はIPSチームメンバーと就労実現に向けた協議をする 3）よりよい就労支援のため，精神保健支援チームミーティングに就労リハビリテーション局スタッフを招く 4）就労リハビリテーション局のスーパーバイザーは1～2名のスタッフをIPS担当とし，IPSチームとの連携を強化する 5）就労リハビリテーション局とIPS運営委員会の連携について，次項Ⅶを参照			
Ⅶ．IPS運営委員会 1）IPSの導入と継続を支援するために広く多部署から決定権を有するメンバーを集め結成する。メンバーには，家族，クライアント，IPSスーパーバイザー，臨床部長，就労リハビリテーション局カウンセラーかスーパーバイザーなどを含むことができる。少なくとも，団体の最高レベルのリーダーの1人は（例えば，経理部長，品質評価部長，理事など）参加する。もし，精神保健機関と就労支援機関の協働でIPSが行われるのであれば，両機関のメンバーが参加する 2）導入期は3ヵ月に1回程度委員会が開催され，導入プランやフィディリティの改善について協議する 3）委員会ではIPSプログラムを			

導入計画領域	行動計画	責任者	目標日
認知すべきすべてのスタッフに理解を得るための戦略を話し合う			
Ⅷ．IPS就労支援フィデリティ 1）導入６ヵ月後にフィデリティのベースライン値を評価し，以後６ヵ月毎に評価し目標値に達するように努める。達成後は毎年の評価とする 2）外部団体から訓練を受けた評価者が訪問して評価するのが好ましい。もし内部の者（品質評価部長）が評価する場合は，州のフィデリティ評価トレーニングかリーダーシップトレーニング（www.dartmouthips.prgで，Training and Consultationを選択）に参加することが強く推奨される 3）フィデリティ評価の結果を受けて，書面で目標達成プランを作成する 4）団体の品質管理評価の中に，IPSフィデリティ評価も含むようにする。そこでは，総合スコア，各項目のスコアの推移と，改善に向けた目標を追記する			
保障プラン 1）クライアントが就労することで影響を受ける保障（障害者保障制度，居住支援，食費補助制度など）について調査する 2）保障相談支援員が十分なトレーニングを受け，保障制度に関する最新情報を常に得ていることを確認する			
記録 クライアント記録には少なくとも以下の情報が含まれていなければならない。 ・就職時，退職時，教育プログラ			

導入計画領域	行動計画	責任者	目標日
ム参加時に更新されるキャリアプロファイル ・「職業開拓計画書」と「就労継続支援計画書」 ・障害の開示に関してクライアントと協議した内容 ・クライアントとの面接内容，訪問時の状況 ・就労スペシャリストの雇用主との面会時に得られた情報			

IPS就労支援スーパーバイザーの役割

役割全般：

IPS就労支援プログラム全般を監督する。トレーニング，スーパービジョンの機会を提供し，また就労スペシャリストに同行支援することで，就労支援の良好なアウトカムを実現する。IPSサービスを受けるほとんどのクライアントに会うように努める。アウトカムを評価し，質の向上に向けたプランを導入する。他の部署や施設との連携役を努める。就労スペシャリストを最大10人まで指導する。2～3人のクライアントに直接IPS就労支援サービスを提供する。

責任：

・就労スペシャリストを雇用，訓練，評価する。就労スペシャリストに対し，雇用主訪問回数，四半期毎の新規雇用件数，雇用率（各就労スペシャリストの支援するクライアントの中の就労率）の期待目標値を設定する。
・各就労スペシャリストを1～2の精神保健支援チームに配置する。毎月精神保健支援チームミーティングに参加し，チーム連携を強化する。
・IPSの理論に基づいたスーパービジョンを毎週1回行う。
・就労スペシャリストに個別スーパービジョンを行う。スーパービジョンには，オフィスで行うセッションと，地域で同行訪問して行うセッションとが含まれる。新しくIPS支援を始めた就労スペシャリスト，あるいは期待目標を達成できない就労スペシャリストには頻回に同行スーパービジョンを行う（毎週～隔週）。
・毎月，クライアントの経過について情報を収集する。成果はIPSチームに加え，治療者とも四半期に一度共有する。個々のクライアントのアウトカムを評価し，チームメンバーや治療者と対策を協議し，改善プランを文書で作成することを促し，チームメンバーがサービス向上のための目標設定を策定するのを援助する。各就労スペシャリストが支援の成果を向上できるようスキルアップの支援を行う。

・他の部署の代表や組織の事務職員とIPSスタッフの架け橋となる。精神保健支援チームのスーパーバイザーとは定期的に連絡を取り合い，サービス連携を高めたり，懸案を解決したり，時には就労支援開始の提案者として機能する。

・就労リハビリテーション局とサービスを調整するため協働する。IPSと就労リハビリテーション局の両方を利用しているクライアントについて協議するため，両部門のスタッフを集めた会議を月に1度開催する。

・IPSフィデリティ評価に向けた準備をする。フィデリティ評価の結果を受けて，フィデリティ向上対策プランの作成を援助する。

・IPS就労支援の導入や継続が順調に行われるようIPS運営委員会会議に参加し，主導する。

・2～3人のケースを自ら受け持つ。

資格：

リハビリテーション相談または関連する領域で修士を取得している者が好ましい。大学卒業資格は求められる。精神保健に関わった経験があることが好ましい（IPSでは重度精神疾患を有する者を支援することがあるため）。スーパービジョンの経験があることはより好ましい。

IPS就労スペシャリストの業務

主たる役割：

就労を希望するクライアントの希望や特性に適合した職場への就職，就労継続をIPSプログラムを通して支援する。

責任：

1. クライアントとの良好な関係構築：地域で一般就労（IPSの定義する一般就労は障害の有無にかかわらず誰でも応募できる仕事）を実現するために，クライアントの希望や思いを尊重しクライアントと信頼，協力関係を構築する。
2. 制度情報の提供：保障，支援に関する情報を偏りなくクライアントに提供し，就労によって影響を受ける保障，経済上のメリット，デメリット両方をクライアントが公平に考慮できるよう支援する。必要であれば，社会保障，支援の専門家を紹介する。確定申告など税制に関する書類作成を援助する。
3. キャリアプロファイルの作成：各クライアントの「キャリアプロファイル」を作成する。クライアントの就労に関するストレングス，希望を生活歴，職業経験，家族関係をもとに聞き取り，それを定期的に更新する。クライアントの了解を得て，家族にも教育や援助を行う。雇用主に障害に関してどの程度情報開示するか話し合い，プロファイルに記載する。
4. 職場開拓：雇用主の具体的希望や就労条件を知るために，直接雇用主と面会し良好な人間関係を構築する。担当するクライアントの興味や個別特性を考慮し，訪問対象となる雇用主を選択する。1週間に最低6回の雇用主あるいは人事権を持つ人物と面会する。訪問毎に詳細な雇用主情報を文書として記録保管する。

5. 就労継続支援計画書の作成と就労後支援：就労継続を実現するため，各クライアントを個別支援する。治療スタッフや，許可があれば家族からの情報を聴取し，クライアントとともに「就労継続支援計画書」を文書で作成する。クライアントの希望や必要性に応じて，その都度プランを更新する。
6. 雇用主支援：クライアントの許可のもと，雇用主の教育やサポートを行う。必要があれば雇用条件や労働環境の調整を雇用主に依頼する。
7. アウトリーチ：サービスから遠ざかったクライアントにはアウトリーチ活動を行う。
8. チームミーティング：週に1回以上チームミーティングに参加する。治療チームスタッフと頻回に連絡を取り合う。
9. 他機関との連携：就労リハビリテーション局スタッフ（日本の，障害者就業・生活支援センターやハローワークのスタッフに近い）と最低月に1回は情報交換のために会う。それ以外に，電話，電子メール等で頻回な情報交換を行う。
10. 訪問活動：就業時間の65%以上を地域訪問活動に費やす。地域訪問活動には，家庭訪問，職場訪問，地域の就業支援事業所，商工会議所，図書館その他が含まれる。クライアントの就職面接の同行，就職申し込みの手伝い，その他職業訓練・教育機関の調査なども訪問活動に含まれる。
11. 進学支援：技能訓練のため，職業訓練校などを希望するクライアントの進学支援。
12. データ解析と広報：1名につき，20～25名程度のクライアントの就労支援を常時行う。3ヵ月毎に就労率を算出し，目標数値を設定する。就労実現したクライアントの職業多様性率を3ヵ月毎に計算し，80%以上を実現できるよう職場開拓を改善する。達成数値はデータ保存し，待合室など目のつくところにグラフとして定期的に表示する。同時に，パンフレットも作成する。

適正：

精神保健，社会福祉，一般企業での就労経験が一定期間ある大学卒業，あるいは同等の教育を受けた者が好ましい。重度精神障がい者の支援に携わったことのある者，あるいは就労支援に携わった者はより好ましい。自ら精神疾患の経験があることは特別の評価とする。チームプレーの能力があることが，最も重要な適正要素であるが，情熱と行動力があり，クライアントや雇用主の希望を傾聴できる者が好ましい。

IPS パフォーマンス改善プラン

＿＿＿＿年＿＿＿＿月＿＿＿＿日に IPS 運営会議で承認

Ⅰ．プログラムアウトカム

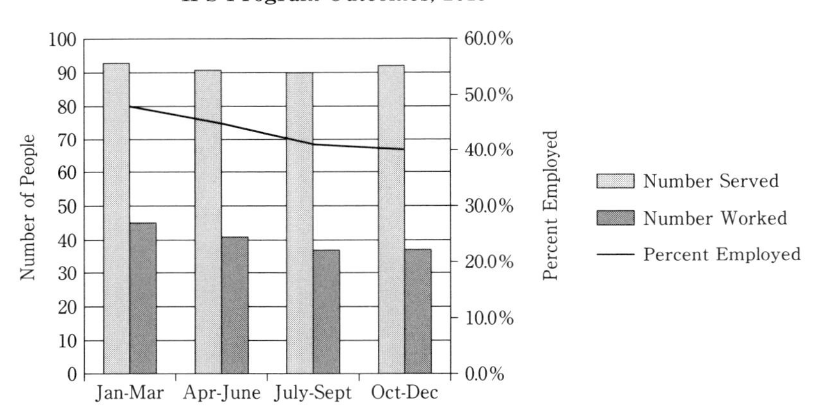

四半期の支援者数：　＿＿から＿＿人。平均：＿＿人

四半期の就労者数：　＿＿から＿＿人。平均：＿＿人

四半期の就労者率：　＿＿から＿＿%。平均：＿＿%。目標：＿＿%

年間 IPS 修了者数：　＿＿人。目標：＿＿人

Ⅱ．賞賛されるよい結果の紹介

・例：この1年で，職業教育プログラム（コンピューター技能，高校卒業資格取得など）を3人が終了できた。8人が教育支援を受けることができた。

・例：この1年の就労者数が，私たちの当初の目標を上回った。

Ⅲ．改善されるべきアウトカム

・例：就労者数と就労率が過去１年間四半期毎に低下してきている。これは新就職者数と IPS 修了者数の低下によるためと考えている。

Ⅳ．目標

・例：就労者率の低下が起きる前に，チームで四半期の平均新規就職者数 11 人を目標とする。そのためにまず，第２四半期では９人，第３四半期では 10 人の新規就職者を目指す。

・例：以前は就職率を平均 48％で維持できていたが，近年は 40％に減少している。今年は，四半期毎に 42，45，48％と率を上げることを目指す。

Ⅴ．目標達成の方法（例）

アクション	頻度	目標日
IPS スーパーバイザーが就労スペシャリストと同行し，雇用主との関係構築を指導する。就労スペシャリストは，その時の状況を「訪問記録」に残す。	最低月１回。 新しい就労スペシャリストの場合，最低月２回。	３月から 12 月の間 ３月から６月の間
就労スペシャリストは平均週６回の雇用主面会を行う（現在の平均が５回）	毎週	４月から 12 月の間
IPS スーパーバイザーが就労スペシャリストと毎週最低３件の職場訪問事例についてその内容を評価し，今後のフォローアップ案を検討する。	毎週	４月から 12 月の間
理事の１人が IPS スーパーバイザーを地域の工場の社長と病院の事務長に紹介する。	各１回	６月１日
運営委員の家族や友人に雇用主やその知り合いがいれば紹介する。もし雇用に空きがあれば IPS スーパーバイザーに委員から電話連絡をする。	必要時	３月から 12 月の間

精神保健支援チームのスーパーバイザーは，チームスタッフに誰が誰を雇用しているか定期的に確認させ，IPSチームに職業紹介を行う。IPSスーパーバイザーは精神保健支援チームから紹介された雇用主情報を四半期毎に評価する。	四半期毎	3，6，9月

IPSプログラム年間実績報告書

Ⅰ．プログラムアウトカム

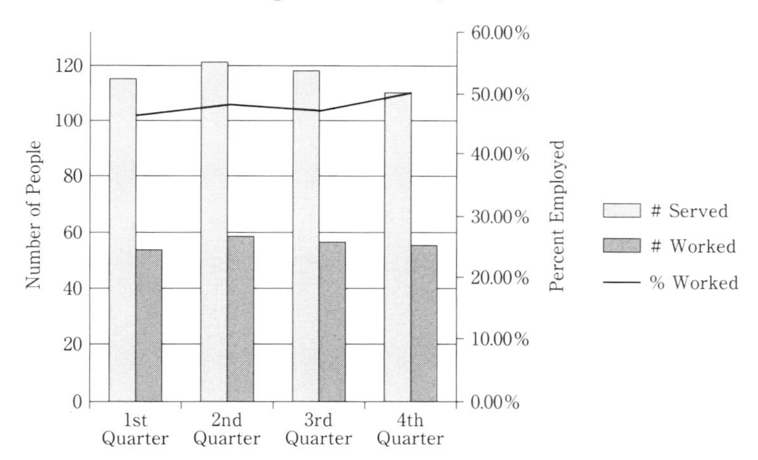

四半期の支援者数：　＿＿から＿＿人。平均：＿＿人

四半期の就労者数：　＿＿から＿＿人。平均：＿＿人

四半期の就労者率：　＿＿から＿＿%。平均：＿＿%。目標：＿＿%

年間IPS修了者数：　＿＿人。目標：＿＿人

Ⅱ．フィデリティ

今年度のフィデリティスコア：＿＿＿＿点

前年度のフィデリティスコア：＿＿＿＿点

スコアーが改善した下位項目

・例：支援クライアント数

・例：除外規定ゼロ基準

・

・

・

・

スコアが４点以下の下位項目

・例：スタッフが治療チームに所属し就労支援と治療チームの連携を強める

・

・

・

Ⅲ．スタッフの配置とプログラムの力量

現在のスタッフ数：就労スペシャリスト＿＿＿＿＿人

スーパーバイザー＿＿＿＿＿人

予約待ち人数＿＿＿＿＿人

人員の数，機能，配置の正当性，改善点：（　　　　　　　　　　　　　）

Ⅳ．IPSの歳入

歳入源を列記：（　　　　　　　　　　　　　）

各歳入の全歳入における割合（％）：（　　　　　　　　　　　　　）

Ⅴ．昨年策定した他の目標の達成度

例：就労スペシャリストとクライアントが家族面談を行う回数を増やそう！

この回数は今まで計測していなかったが，どうも少ないと感じている。まず回数を計測しモニターしながらそれを増やしたい。

	第１四半期	第２四半期	第３四半期	第４四半期
家族が就労支援に参画したクライアント数	8	12	15	21

キャリアプロファイル／ IPS 就労支援申込書

Face Sheet

申込日：

氏名：

住所：

電子メール：

電話番号：

連絡方法：

相談員/治療者：

就労関連支援スタッフ：

□ 申し込み情報を就労関連支援スタッフに転送

その他の医療、福祉サービス提供者：

働くことについてどう考えていますか？　今すぐにでも働きたいですか？　なぜ働きたいと思いますか？　どんな種類の仕事をしたいですか？

自分のキャリアアップのために訓練や教育を受けたいと考えていますか？

疾患名と症状は？　それらが就労や通学に及ぼす影響は？

強みは（ストレングス）？（経験、訓練、性格、得られる支援など）

どんな仕事（仕事の種類、就労時間など）が自分に合っていると思いますか？

申し込み書記入者　　　　役職

キャリアプロファイル

以下の文書は就労スペシャリストとクライアントの初回面接時，あるいはそれから２週間以内に作成される。ここに含まれる情報は，支援員，支援・治療チーム，クライアントの経歴，クライアントの同意書，家族情報，過去の雇用主などである。新たに就職をしたとき，通学を開始したとき，退職したときなどは，その都度更新されなければならない。

就労の目標

あなたが夢見る仕事は何ですか？どんな仕事をあなたはいつもしたいと思っていますか？

あなたの仕事上の長期目標は？

どのような仕事に今は就きたいと考えていますか？

どんなタイプの仕事に魅力を感じますか？

あなたが働きたくないと思う職種や仕事の内容は？

あなたには働いている知り合いがいますか？　その人はどんな仕事をしていますか？　その仕事についてあなたはどのように思いますか？

仕事を始めるにあたって不安なことは？　なぜ働きたいと思うのですか？

教育

学校や職業訓練に参加してキャリアアップを図りたいと考えていますか？

教育/訓練歴

高校を卒業していますか？

□ はい　□ いいえ

していない場合、卒業資格を取得したいと考えていますか？

□ はい　□ いいえ　□ どちらともいえない

高校で職業訓練を受けたことがありますか？

□ はい　□ いいえ

これまで職業見習いを経験したことがありますか（例えば、配管業、大工、電気工など）？

□ はい　□ いいえ

経験がある場合いつ頃ですか？

これまで兵役中[注35]に就労に役立つ訓練を受けたことがありますか？

□ はい　□ いいえ　□ どちらともいえない

これまで終了した職業訓練、資格、その終了年を教えて下さい。

注35　米国では1917～1975年までは徴兵制度が存在したが，現在は徴兵制度は廃止となり，選抜徴兵登録を採用している。アメリカに在住している市民権および永住権をもつ18～25歳の男性，さらに18～25歳の不法滞在の男性は氏名と住所の登録義務が課せられている。本邦ではこの項目は削除しても差し支えないと思われる。

その他、経験した教育、訓練プログラム

□ なし

教育、訓練プログラムの名称：

市町村名：

参加期間：

取得資格、終了証：

未終了の場合その理由は？

そのプログラムで最も気に入ったところ：

そのプログラムで最も嫌だったこと：

利用した経済的支援（あれば）：

教育、訓練プログラムの名称：

市町村名：

参加期間：

取得資格、終了証：

未終了の場合その理由は？

そのプログラムで最も気に入ったところ：

そのプログラムで最も嫌だったこと：

利用した経済的支援（あれば）：

教育、訓練プログラムの名称：

市町村名：

参加期間：

取得資格、終了証：

未終了の場合その理由は？

そのプログラムで最も気に入ったところ：

そのプログラムで最も嫌だったこと：

利用した経済的支援（あれば）：

教育、訓練プログラムの名称：

これまで取得した資格、免許、証明書のコピーをお持ちですか？

☐ はい　　☐ いいえ

取得したい資格、免許、修了書がありますか？

☐ はい　　☐ いいえ

もしクライアントが、学校や職業訓練に参加する希望がなければ、下のステップは飛ばして、就労歴について聞き取りを始めてください。

どんな仕事につきたいと考えていますか？

受けたいと思う職業訓練／教育プログラムがありますか？

あなたが興味のある職業領域は?

それに合った仕事がこの地域にあるかどうか知っていますか？　その仕事のこの地域での将来見通しについてどのように考えていますか？

教育や訓練プログラムに参加したい場合、いつから始めたいですか？

どのくらいの期間その学校、訓練プログラムに通いたいですか？　そのプログラムをいつまでに終了したいですか？

どんな資格や免許が取得できるか知るために、この地域の就労プログラム（職業訓練校、短期大学、大学など）を見学したいですか？

労働組合、職工組合に参加したいと考えていますか？　参加資格について知っていますか？　詳細を知るため事務所を訪問してみたいですか？

もっと知りたいその他の就労訓練、教育プログラムはありますか？

学校での様子

あなたの通学時の様子を簡単に教えてください。

			コメント記載
クラスで指名された時	□ 問題なし	□ 困難あり	
社会適応	□ 問題なし	□ 困難あり	
テスト成績	□ 問題なし	□ 困難あり	
授業の理解	□ 問題なし	□ 困難あり	
読解力	□ 問題なし	□ 困難あり	
実技理解力	□ 問題なし	□ 困難あり	
集中力	□ 問題なし	□ 困難あり	
記憶力	□ 問題なし	□ 困難あり	
コンピューター技能	□ 問題なし	□ 困難あり	

学校では個別指導を受けたことがありますか？　あなたのため特別な指導を受けた場合その内容について教えてください。

特別授業を受けたことがありますか？

誰かにこれまで学習の問題があると言われたことがありますか？　その場合、どのような問題があり、どのような支援が必要だと言われましたか？

学生時代で自分の得意分野や強みだったのは何でしたか？

何ヵ国語を理解できますか？

学校、訓練開始のプラン

学校や訓練開始にあたって必要なものは？

□コンピューター利用　□コンピューター理解力　□静かな学習の場　□定期券
□経済的支援　□本や文房具　□精神保健支援　□高齢者支援
□通学手段の支援　□勉強の支援　□勉強計画の作成支援　□子供支援
□学校内の施設説明　□家族、知人からの今以上の支援
□先生や指導員とのコミュニケーション援助　□その他：

コメント：

どのようにして学費を支払う予定ですか？　教科書代は？　その他の費用は？

これまで学校から奨学金を受け取ったことがありますか？　その他の学資支援を受けたことがありますか？　これまでその返済を滞納したことがありますか？

あなたは宿泊施設を必要としますか？

どんな支援があなたの教育、訓練の成功に役立つと思いますか？

職歴

最終職歴　　□– 就労歴がない場合チェック

職種：

雇用主：

業務内容：

開始日：　　終了日：

１週の就労時間：

どのようにこの職を見つけましたか?

その仕事のどこが好きでしたか?

その仕事のどこが嫌いでしたか?

あなたの上司、同僚はいかがでしたか?

仕事を辞めた理由は？

その他の職場情報：

２つ前の仕事　　□– １回以下の就労歴の場合チェック

職種：

雇用主：

業務内容：

開始日：　　終了日：

１週の就労時間：

どのようにこの職を見つけましたか?

その仕事のどこが好きでしたか?

その仕事のどこが嫌いでしたか?

あなたの上司、同僚はいかがでしたか?

仕事を辞めた理由は？

その他の職場情報：

３つ前の仕事　　□–　２回以下の就労歴の場合チェック

職種：

雇用主：

業務内容：

開始日：　　開始日：

１週間の就労時間：

どのようにこの職を見つけましたか?

その仕事のどこが好きでしたか?

その仕事のどこが嫌いでしたか?

あなたの上司、同僚はいかがでしたか?

仕事を辞めた理由は？

その他の職場情報：

これ以上の職歴は別紙に記載しなさい

兵役

□　兵役歴なし

部署：

日時：

訓練内容：

証書や免許：

文化、性別などの背景[注36]

下記の質問をする前に、次の文章をクライアントの面前で読みなさい。**“私たちの支援機関は異なった背景を持ち、多様な経験を有するあらゆる人の就労実現を目的としています。次の質問は、あなたの出生や文化背景を知り、私たちがあなたの就労支援プランを作成する上で役立つものです”**

あなたの文化的背景からみて、あなたにとって最も重要と思われることは何ですか？（人種、地域、肌の色、性別、経済状況など）

……………………………………………………………………

何語を話されますか？　どの言語が最も得意ですか？

……………………………………………………………………

どのイベントや祝日を慣習として祝いますか？　今でも続けている家族の伝統行事がありますか？　今後仕事を見つけ継続する上で、家族にはどのように関わってもらいたいですか？

……………………………………………………………………

あなたにとって上司が男性、あるいは女性であることは重要ですか？

……………………………………………………………………

あなたはこれまで就職活動において、不当な差別を受けたと感じたことがありますか？あればその出来事について教えてください。

……………………………………………………………………

注36　米国では，様々な民族や人種が共存しているため，個々のクライアントの価値観や信仰・信念を理解し，支援計画に統合することでサービスの向上が図れるとの考え方が定着している。本邦ではこの項目は削除しても差し支えないと思われる。

精神保健

これまで誰かにあなたは心の病気（精神疾患）にかかっていると言われたことがありますか？　もしそうであれば、どのように説明されましたか？

………

心の病気を患ったことはどのようにあなたの生活に影響していますか？

………

症状が悪化する時の最初の兆候は何ですか？

………

どのように症状に対処していますか？

………

どんな種類の薬をいつ服用していますか？

………

薬の効果はいかがですか？

………

身体の状態

お体の健康状態はいかがですか？　体の病気はありますか？

....

以下のような状況で問題を感じますか？

長時間立っているとき	□ はい	□ いいえ
1時間以上立っていることができますか?	□ はい	□ いいえ
座位を保つとき	□ はい	□ いいえ
何時間続けて座れますか?		
階段の昇降時?	□ はい	□ いいえ
何段上れますか？　痛みは？		
荷物を持ち上げるとき	□ はい	□ いいえ
何キロの物が持ち上げられますか？		
持久力	□ はい	□ いいえ
1日に何時間働けますか?		
1週間に何時間働けますか?		

最も体調のよい時間帯はいつですか?

....

認知機能

物を覚えるのが苦手ですか?

集中力は?

作業を素早くできますか?

上記の問題を感じた時はどのような対処法や援助をこれまで利用してきましたか？

就労の準備度

仕事に必要な服はありますか?　面接に必要な服は?

仕事に行く前に使える目覚まし時計を所有していますか？

最低２つ以上の身分証明書を持っていますか？

どうやって仕事に通いますか？

社交技能と人間関係

不特定多数の一般の人と交わる必要のある職場は好きですか？

あなたはどこに誰と住んでいますか？

誰と過ごすことが多いですか？　その人とどのくらい会ってどの程度話をしますか？

あなたが気に入りそうな仕事が何かアドバイスできる人は誰ですか？

□ アドバイスできる人との面会予約済み
予約できない理由?

もし雇用された場合、誰があなたをしっかりと援助してくれると思いますか？

他に誰か援助をしてくれそうな人を思いつきますか?

保障

以下の保障や支援を受けていますか？

□ 生活保護　□ 障害者年金　□ 居宅支援金　□ 食料支援(食料割引切符)
□ 貧困家庭一時扶助[注37]

□ 退職金　□ 退役軍人保障　□ 扶養手当、子供支援等
□ 国民健康保険　□ 厚生年金保険　□ その他の保障：
□ 受給可能であるが使用していない
□ 受給可能な保障なし

....

お金の自己管理をしていますか?

....

□ 保障制度に関して相談支援員へ紹介済み
　未紹介の場合その理由：

....

注37 州政府が児童や妊婦のいる貧困家庭に対して現金給付を行う場合に連邦政府が州政府へ定額補助を行うもの。1996年より福祉改革の一環として創設され「福祉から就労へ」促進することを目指している。そのため，2年以上受給すると原則，就労活動や職業訓練などに参加しなければならないことが義務となっている（厚生労働省：2011年～2012年海外情勢報告．第2章：第1節アメリカ合衆国，p.110-140.）。

個人情報開示

まず、この就労支援サービスを利用する場合、担当の就労スペシャリストが利用者の代わりに雇用主と直接連絡をとるかどうかは、利用者が許可し決定することを説明しなさい。

あなたの代わりに就労スペシャリストが直接雇用主と連絡を取り合うことはどういう時に役立つと思いますか？

逆にそうすることでどのような不利益が生じると思いますか?

就労スペシャリストが雇用主に知らせてほしくない情報はどんなことですか？

あなたの担当就労スペシャリストが、あなたの代理としてあなたより先に雇用主と連絡をとることを望みますか（今了解しても、いつでも後で断ることができます）？

もしあなたが担当の就労スペシャリストが雇用主と接触することを断ったとして、あなたは職探しでどのような援助を就労スペシャリストに希望しますか?

□　職業紹介　□　就職申込先の検索　□　履歴書の作成
□　面接先への同行　□　面接の同席（質問事項への回答の援助）
□　就職申し込み後のフォローアップ　□　その他：

薬物使用歴

アルコールはどのくらいの量を飲みますか?

頻度は?

どの時間帯に?

違法な薬物を使用したことは?

頻度は?

犯罪歴

逮捕されたことはありますか?

有罪判決を受けたことがありますか?

有罪歴 1：　年：

判決：

有罪歴 2：　年：

判決：

有罪歴 3：　年：

判決：

起訴された時に、生活にどのような困難が生じましたか？

執行猶予を受けたことがありますか？　どんな内容ですか？

保護観察員の名前：　電話番号：

逮捕記録を持っていますか?　☐ No　☐ Yes

そのコピーを私有しておきたいですか?　☐ No　☐ Yes

日中活動

朝起きてから就寝までの一般的な活動パターンは?

近所に好んで行く場所がありますか？

クラブ、教会その他の団体に所属していますか?

趣味や興味ある物は何ですか？

あなたの通常の睡眠時間は?

関係者連絡先 (家族、友人、前雇用主、その他)

家族、全雇用主、その他関係者からの情報

スタッフ署名：____________________ 年月日：__________

クライアント署名：____________________ 年月日：__________

就労開始報告書

クライアント：

就労スペシャリスト：

ケースマネージャー：

就労リハビリテーション局カウンセラー：

就労開始日：

職種：

業務内容：

賃金（時給）：

保障：

労働組合参加：　☐ No　☐ Yes

勤務スケジュール：

情報開示：　☐ 不可　☐ 可（クライアントは雇用主との接触を文書で許可）

会社名：

会社住所：

雇用主／上司：

スタッフ署名：＿＿＿＿＿＿＿＿＿＿＿＿＿＿　年月日：＿＿＿＿＿＿＿

失職報告書

職種：

雇用主／上司：

就労開始日：

就労終了日：

失職の理由：

□ 好条件で転職　□ 病状のため　□ その他の理由

□ 解雇

失職についてのクライアントの見解：

支援スタッフの見解：

提供された支援内容：

クライアントは他の仕事を探したいと思っていますか／どんな仕事？：

次の職場での情報開示について（クライアントの意見）：

スタッフ署名：＿＿＿＿＿＿＿＿＿＿＿＿＿＿　年月日：＿＿＿＿＿＿＿

教育経験報告書

クライアントが学校や職業訓練プログラムに参加した時はこの報告書をキャリアプロファイルに添付しなさい。経過に応じて順次空白欄を埋めていき、学校やプログラムを終了した時にはこの報告書の記載は終了する。

クライアント：

就労スペシャリスト：

学校／職業訓練プログラム：

獲得資格（終了時）：

開始日：

参加時間／日：

卒業見込み日：

獲得した資格：

中止の理由：□　卒業　□　その他：

就労スペシャリストの行った援助：

学生支援課からの援助：

直面した困難／どのようにその困難を克服したか？：

今後受けたい教育／訓練：

今回学んだことの中で、今後の教育、あるいは就労に役立つと思うもの：

スタッフ署名：＿＿＿＿＿＿＿＿＿＿＿＿＿＿＿＿　年月日：＿＿＿＿＿＿＿＿

職業開拓計画書

求職者の生の言葉：

例：「私は、フリーの写真家として働いていた時よりも、もっと長い時間働ける写真関係の会社に就職したいです。でも、できればパートタイムがいいです。そうすればフリーの写真家としての仕事も続けられますから」

仕事に関連する求職者のストレングス：

例：ケンヤは職業訓練校で写真家の資格証明書を取得している。彼女は自分の技量を伝えるために、雇用主に提示できる写真集を所持している。彼女はフリーの写真家として２年働いた実績を持つ。彼女は写真技術に関する十分な知識と創造性を持っている。良好な面接技能を有する、すなわち人懐っこく意欲的である。母親が求職活動に協力的で、彼女は自家用車を所有している。

目的	担当者	頻度	目標日時
1) ケンヤに適合する職場リストを作成（Sears や Portrait studios など）	ケンヤとスペシャリストが会い，作成する	1～2回	20xx年8月15日
2) 履歴書の作成	ケンヤとスペシャリストが会って作成	1～2回	20xx年8月30日
3) リストの中から現在空きのある職場雇用主の希望を精査する	・スペシャリストは最低週に1回は関連する雇用主に会う。そこで仕事内容や雇用条件等を調査する。彼女はケンヤの紹介を雇用主に提案する ・ケンヤはインターネットで仕事内容を検索する ・ケンヤは彼女の訓練校の就職相談室を訪れ情報を集める	毎週 毎週 一度	20xx年9月1日から就職するまで 20xx年9月1日から就職するまで 20xx年9月30日
4) 少なくとも月4つ以上の就職申し込みをする	・ケンヤは就職申込書と履歴書を毎月最低4つ以上提出する。彼女とスペシャリストは求人情報と可能性のある職場について話し合う ・2人は週毎に就職申し込みを行った職場を調査し，今後のフォローアップに向けた対策を検討する。	月に4回 月に3～4回	20xx年9月1日から雇用されるまで 20xx年9月1日から雇用されるまで

スタッフ署名：＿＿＿＿＿＿＿＿＿＿＿＿＿＿＿　年月日：＿＿＿＿＿＿＿

クライアント署名：＿＿＿＿＿＿＿＿＿＿＿＿＿　年月日：＿＿＿＿＿＿＿

就労継続支援計画書

仕事内容：

例：スティーブはサンドイッチを昼食に提供するレストランで食材の準備を担当することになった。彼は５月に仕事を始める予定。週に３～５日、１日に３時間働く。ここではサンドイッチの食材 15 種類を記憶しておく必要がある。

就職者のゴール（本人の生の言葉で）：

例：「私はサンドイッチを作る仕事はとても好きですが、メニューを覚えないといけないのがつらいです」

仕事に関連する就職者のストレングス：

例：スティーブは厨房や食材準備の仕事についていた経験がある。彼は働き者で働くことは彼にとって重要なこと。彼は上司の意見に耳をよく傾け、よりよい仕事をしたいと考えている。彼はバスの利用の仕方を知っている。彼が仕事に慣れるまでは、彼の妹が常に様子を見て、支援をしている。

目的	担当者	頻度	目標日時
働き始めて２～３週後にはメニューを覚える（雇用主からの依頼）	・スティーブとスペシャリストは今から彼の仕事が始まるまで毎日一緒にメニューの勉強をする。その後は彼がメニューを完全に覚えるまでは毎週最低２回は同じように勉強する	毎日，その後週に２回	20xx年５月24日
予定通り出勤を開始する	・スティーブは彼の勤務スケジュールを毎週妹に告げ，妹は彼がカレンダーにスケジュールを書き込むのを手伝う	自分でできるまで	20xx年５月３日から継続
	・スティーブが仕事を休まないといけないと思った時は，まずスペシャリストに電話をしてどうするか話し合う	必要に応じて	20xx年５月３日から継続
	・最初の週はスペシャリストが彼を職場まで車で送り，次の週は仕事前に電話をかけ，出勤の準備を促し，不安の軽減を図る	勤務日	20xx年５月３日から18日
スティーブがよい働きぶりを示す	・最初の２週はスティーブとスペシャリストは上司と毎週面会し，彼の仕事ぶりについて意見をもらう。順調であれば月に１回の面接へ	２週間は毎週，その後毎月	20xx年５月３日から９月３日まで
	・２人は毎週話し合いを行う。３ヵ月間順調であれば，月に２回の頻度にする	３ヵ月は毎週	20xx年５月３日
	・２人はスティーブの妹と会い，彼女からの助言をもらう	就職１ヵ月後	20xx年６月30日
スティーブは年金事務所に収入の申告をする	・スティーブとスペシャリストは最初の３ヵ月は一緒に申請書を作成する	３ヵ月間は月に１回	20xx年５月３日から８月３日まで
	・その後は，スティーブが自信を持てば自分で行う。スペシャリストは忘れることがないよう確認だけ行う	月に１回	20xx年11月から

スタッフ署名：＿＿＿＿＿＿＿＿＿＿　年月日：＿＿＿＿＿＿

クライアント署名：＿＿＿＿＿＿＿＿＿＿　年月日：＿＿＿＿＿＿

雇用主面会記録

面会日時：

....

面会者：

....

☐ 雇用決定権を持つ人物

面会理由：

....

☐ 面会予約
☐ 仕事内容の調査
☐ 候補者の紹介
☐ 関係維持
☐ その他：..

雇用主の希望や仕事内容等に関して得た情報（またはその他の特記事項）：

....

....

....

....

....

次の計画（日時も含む）：

....

....

スタッフ署名：________________________________ 年月日：______________

職場開拓フィールドモニタリングチェックリスト

年月日：

就労スペシャリスト：

スーパーバイザー：

雇用主に会う前に：

Ⅰ．就労スペシャリストが前回チェックリスト作成後に雇用主と面会した際、何がありましたか？

Ⅱ．今日、私たちは以下のスキルの上達について話し合います

雇用主に会った後に：

Ⅰ．改善したこと

Ⅱ．次回の面会時には変えたいと思うこと

Ⅲ．スーパーバイザーがスペシャリストから学んだこと

計画：

Ⅰ．雇用主のフォローアッププラン：

雇用主	フォローアッププラン	日時

Ⅱ．次回のフィールドモニタリング予定日：

スタッフ署名：＿＿＿＿＿＿＿＿＿＿　年月日：＿＿＿＿＿＿

スーパーバイザー署名：＿＿＿＿＿＿＿＿　年月日：＿＿＿＿＿＿

おわりに

「日本での IPS 実践例の紹介」の冒頭で紹介したケースに出会い，ぜひ IPS を導入したいと思い立ちましたが，いろいろ調べてみると，これほど有効で実績のある支援方法であるのに，日本ではそれほど広く普及していないことを正直怪訝に思いました。保険制度等でその運営費用を担保されていないことはもっともな理由の一つとして容易に想像できましたが，他にも何か導入を妨げている理由があるのだろうかとの疑問が湧いたのです。

それを確認すべく，私は，米国で行われている IPS を実際にこの目で見て，現地の専門家とぜひ意見交換をしたいと思い立ちました。そこで，さっそく Deborah Becker 氏と連絡を取り，同僚スタッフ 4 名とともに Dartmouth Psychiatric Research Center を訪問し，Becker 氏やスタッフの Gary Bond 氏から開発の経緯，科学的検証方法，現状などをお聞きし，その後ベルモント州立精神保健センターの一つハワードセンターを訪問し，IPS スーパーバイザー，就労スペシャリストと意見交換，職場開拓の同行をし，チームミーティングにも参加をさせていただきました。

視察の最終日に，余った時間を利用して彼らとフリーディスカッションをしていたとき，「IPS を実践する上で何が最も大切ですか？」という質問を投げかけたところ，IPS スーパーバイザーの Marlene Williamson 氏は「それは，チーム内にいつもポジティブシンキング（前向き思考）を保つこと。それが最も大切だけど，最も難しいこと」と明快に答えたのが印象的でした。同じ質問を Becker 氏に投げかけたところ，彼女は「『誰でも働ける』と信じられること」「予想することは無意味だから，予想しないこと。まずやってみること」と，また同様に明快に答えてくれました。

日本での IPS の普及には当然制度の不備が影響していることは間違

いありませんが，彼らと直に接して痛切に感じたのは「失敗することを予想する前に，まず挑戦すること」という前向き思考がやや弱いことが日本の「不備」なのではないかということでした。私は，かつて米国で15年間生活をしていましたが，彼らの意見はいかにもアメリカ的だと感じる一方，この前向き思考は精神科リハビリテーションにおいては万国共通のものであるはず，そしてあるべきものだと感じました。

この体験を通じて，私たちは持ち帰ったこの原書『IPS Supported Employment Program Implementation Guide（2015）』を翻訳し，まずはあくまでもその内容に忠実にIPSチームを立ち上げ，そして忠実に実践することを決めたのです。現在，導入作業が終了し，就労支援体制が少しずつ軌道に乗り始め，改めて本書の内容がいかに正確で，実践的であり，米国外の実践者にも有用であるか，実体験を通じて実感しています。

「働くこと」は，経済的安定をもたらすだけでなく，生活に目的を与え，自信を回復させ，地域や多くの人と交わるチャンスを与えるなど，心理的，精神的成長を促す最も有効な人間の営みの一つです。そして，就労の中でも，本書に定義される一般就労が最も精神障がい者の地域との共生に寄与する就労形態と思われます。IPSの実践意義は，強い科学的根拠のもと高い確率で一般就労を実現することですが，あえてもう1点IPSを実践する意義を挙げるとすれば，それによって当事者，家族，支援者の中に「予想することは無意味」「挑戦しなければ何も変わらない」という前向き思考を植え付けてくれることです。日本の実践者にとって，これは今後必要不可欠な意識改革だといえるのではないでしょうか。

採算度外視のIPS立ち上げにご理解とご支援をいただいた，荒木正人清和会理事長・院長以下関係各位に心より御礼申し上げます。また，西川正清和会前理事長には「日本でのIPS実践例の紹介」で上げた9ケースをまとめるにあたって校正，アドバイスをいただき，IPSの運用においても激励をいただいたこと，心より御礼申し上げます。さらに米国Dartmouth Psychiatric Research CenterのDeborah R. Becker, Robert E. Drake, Gary Bond各氏，Vermont Department of Mental HealthのLaura Flint氏，Howard CenterのMarlene Williamson氏，Connecticut Department of Mental HealthのLinda M. Guillorn氏にも，ご多忙の中，見学，意見交換，視察日程の調整等に多大な時間と労力を割いていただいたことを，この場を借りて御礼申し上げます。最後に，Becker，Swanson両氏には本書の日本語訳出版を快諾いただき，貴重な機会を与えていただいたこと，改めて感謝申し上げます。

林　輝男

【著 者】

サラ・スワンソン（Sarah Swanson, MS, LSW, CRC）

現在 Rockville Institute at Westat, IPS Employment Center の IPS トレーナー。University of Wisconsin-Madison にて就労支援カウンセリングを専攻し，同大学でリハビリテーション心理学にて修士取得。実践現場における豊富な経験を有し，IPS 就労スペシャリスト，IPS トレーナーとして精神障がい者の就労支援に従事。IPS の導入マニュアルを多く作成している。

デボラ・ベッカー（Deborah R. Becker M.Ed., CRC）

現在 Rockville Institute at Westat, IPS Employment Center のセンター長，上級研究員。30 年間にわたり，精神科リハビリテーションに従事し，就労，居宅支援，診断技術に関する様々な研究に参加。IPS を立ち上げ開発した創始者の 1 人。薬物乱用・精神衛生サービス局（SAMHSA：Substance Abuse and Mental Health Services Administration）の科学的根拠に基づいた IPS 導入リソースキット（Evidence-Based Practice Supported Employment Implementation Resource Kit）の作成に参画。米国の 20 の州と欧州 3 ヵ国が参加する IPS 学習グループである IPS International Learning Community（Johnson & Johnson – Dartmouth Community Mental Health Program ともよばれる）の設立と運営を推進。精神障がい者の就労支援に関する著作を多数出版。現在もなお精力的に就労支援に関するアドバイスやトレーニングの機会を提供し，後進の育成にあたっている。

【翻訳・編集代表】

林　輝男（はやし てるお）

精神科医師，医学博士。平成 3 年（1991）広島大学医学部医学科卒業。平成 7 年（1995）同大学院修了。広島大学病院精神神経科，広島みくまり病院勤務後，平成 9 年（1997）より，米国国立衛生研究所（NIH）客員研究員，正規研究員を経て平成 22 年（2010）主任研究員。

平成 24 年（2012）より社会医療法人清和会西川病院副院長。

平成 28 年（2016）より社会医療法人清和会ヴィレッジせいわ管理者兼務

【翻訳協力者】

新家　望美：精神保健福祉士。清和会 IPS 就労支援専門員

川本　悠大：作業療法士。清和会 IPS 就労支援専門員

西川真理子：内科医師。清和会西川病院リハビリテーション部部長

田原美和子：看護師。清和会西川病院精神科デイ・ケア所属長

牛尾　慎司：精神保健福祉士。清和会ヴィレッジせいわ通所サービス課課長

IPS 就労支援プログラム導入ガイド
：精神障がい者の「働きたい」を支援するために

2017年 5月15日 初版第1刷発行

著　者　サラ・スワンソン／デボラ・ベッカー
翻訳・編集代表　林　輝男
発行者　石澤雄司
発行所　株式会社 星和書店
〒168-0074 東京都杉並区上高井戸1－2－5
電話 03 (3329) 0031（営業部）／03 (3329) 0033（編集部）
FAX 03 (5374) 7186（営業部）／03 (5374) 7185（編集部）
URL http://www.seiwa-pb.co.jp
印　刷　萩原印刷株式会社
製　本　株式会社越後堂製本

Printed in Japan　ISBN978-4-7911-0955-5